Werner A. Stahl / Ilse Tober

Voilà – gewählt is'

Von der Entwicklung des demokratischen Denkens in Neu-Isenburg

Herausgegeben von Pour l'Ysebboursch e.V.
Verein für belebte Geschichte im Alten Ort

www.lenz-verlag.de

Originalausgabe

Ortrun E. Lenz M. A.
Beethovenstraße 96 | 63263 Neu-Isenburg
Druck: Druckerei Siefert GmbH
Printed in Germany
ISBN 978-3-943624-91-5

Liebe Leserinnen und Leser,

ich freue mich, Ihnen das Buch „Voilà – gewählt is – Von der Entwicklung demokratischen Denkens in Neu-Isenburg“ von Werner A. Stahl und Ilse Tober vorstellen zu dürfen. Dieses Werk nimmt Sie mit auf eine wechselhafte Reise durch die Geschichte unserer Stadt, angefangen bei den Wurzeln demokratischen Denkens in der hugenottischen, evangelisch-reformierten Kirchengemeinde bis hin zur heutigen bunten und diversen Gesellschaft.

Stahl und Tobler zeigen auf eine einfach zugängliche Art, wie die Wurzeln der Selbstverwaltung in der hugenottischen Kirchengemeinde und durch die Privilegien von Graf Johann Philipp von Ysenburg und Büdingen die Grundlage für das frühe Zusammenleben in der frühen Kolonie bildeten. Sie werfen dabei auch einen kritischen Blick auf die Entwicklung des politischen Interesses in Neu-Isenburg und regen dazu an, sich wieder stärker in das politische Geschehen einzubringen. Die Auseinandersetzung mit der Stadtgeschichte und ihren Besonderheiten kann dabei helfen, eine tiefere Verbundenheit mit unserer Stadt zu entwickeln. Orte, an denen wir unserer Geschichte gewahr werden können, und Orte der kulturellen Begegnung geben Raum für Erinnerung und Selbstvergewisserung und stärken uns dadurch für die Herausforderungen der Zukunft.

Ich danke Werner A. Stahl und Ilse Tober für ihr Engagement bei der

Zusammenstellung und Einordnung dieses wichtigen Teils unserer Stadtgeschichte und bin überzeugt, dass dieses Buch nicht nur informativ, sondern auch inspirierend sein wird. Ich wünsche Ihnen daher viel Freude beim Lesen und hoffe, dass es Ihnen neue Perspektiven auf unsere Stadt eröffnet und Sie inspiriert, sich aktiv an der demokratischen Gestaltung unserer Stadt zu beteiligen.

Mit freundlichen Grüßen,

Dirk Gene Hagelstein
Bürgermeister

Inhalt

Vorwort

Neu-Isenburg, eine Stadt von mittlerweile mehr als 40.000 Einwohnern, geht nun in das 325. Jahr ihres Bestehens.

Diese Stadt wird oft mit Begriffen wie **hässlich, hektisch** und **anonym** in Verbindung gebracht. Tatsächlich ist Neu-Isenburg im Ballungsraum keine klassische Schönheit. Touristen verirren sich nur selten hierher. Doch wer wirklich kommt, wird oft überrascht sein: Die Stadt mag zwar wenig historische Architektur aufweisen, hat aber dafür eine einzigartige und reiche **Sozialgeschichte** zu bieten.

Die Hugenotten- und Waldenserstadt im südlichen Hessen, im Rhein-Main-Gebiet, ist eine Stadt, die ihre Wurzeln als historische „Flüchtlings-Siedlung" definiert.

Dieser Ursprung brachte der Stadt im Verlauf ihrer Existenz immer wieder gesellschaftliche Probleme und Isolation. Doch hinter den Mauern dieser lange Zeit isolierten und abgeschotteten Kommune geschah Erstaunliches.

Unter der Duldung des Grafen Johann Philip von Isenburg praktizierte man hier in Neu-Isenburg, das wenig ins Umland integriert war, eine besondere Gesellschaftsform, für die es damals noch nicht den heutigen Begriff gab: **„Demokratie".**

Die Auseinandersetzung mit diesem gesellschaftlichen Schlüsselbegriff gewinnt in unserem Kulturkreis derzeit wieder zunehmend an Bedeutung.

Das vorliegende Büchlein von **Pour l'Yseboursch e.V.** widmet sich der Suche nach den frühen Spuren des demokratischen Gedankens in Neu-Isenburg und den gesellschaftlichen Auswirkungen, die dieser Gedanke mit sich brachte.

Wir widmen dieses Werk dem unermüdlichen Heimatforscher und großen Experten zu den Themen Flucht und Vertreibung, dem

Pfarrer i.R. **Matthias Loesch**

Neu-Isenburg, der 14.06.2024

Werner Alfons Stahl *Ilse Tober*

Demokratie – was ist das eigentlich?

„Demokratie ist eine Staats- und Gesellschaftsform."

Den Begriff mit diesem einfachen Satz zu erklären, greift natürlich viel zu kurz. Was genau ist nun Demokratie?

Laut Wikipedia: *„Zur liberalen Demokratie, wie sie sich nach westlichen Mustern herausgebildet hat, gehören allgemeine, freie und geheime Wahlen, die Aufteilung der Staatsgewalt bei Gesetzgebung, Regierung und Rechtsprechung auf voneinander unabhängige Organe (Gewaltenteilung) sowie die Garantie der Grundrechte."*[1]

So weit, so gut.

Lassen Sie uns etwas genauer hinschauen: Für uns in Deutschland, für uns in der sogenannten westlichen Welt, ist die Staatsform der Demokratie der Normalzustand.

Dieser Begriff beschreibt unser Wertesystem, über das im Allgemeinen nicht mehr nachgedacht wird. Unser Wertesystem ist einfach so, wie es ist. Es ist ein Teil unserer Normalität. Und das, was „normal" ist, nimmt man oft nicht mehr wahr.

Bereits im Curriculum der Grundschule ist das Thema der „Demokratiebildung" fest verankert und wird den jungen Menschen in den aufsteigenden Schuljahren fortlaufend vermittelt.

Der Begriff ist schon alt, mehr als 2000 Jahre. Er stammt aus dem Griechischen und bedeutet schlicht „Volksherrschaft". Hier herrscht kein König, kein Despot, der seinen Machtanspruch von Gott, seiner Familie, seinem Geld oder seiner Körperkraft ableitet.

Im althergebrachten Machtgefüge unseres Kulturkreises, im Feudalismus, regierte meist ein Fürst oder ein König als Alleinherrscher, unterstützt von seiner Familie oder dem privilegierten Adel als herrschender Kaste.

Hierzulande galt bereits im Mittelalter das 3-Stände-Modell.

Es gab den Adel als ersten Stand (weltliche Herrscher), den Klerus als zweiten Stand (kirchliche Herrscher) und das Volk als dritten Stand, die unfreien Untertanen.

Die Unfreien waren lebenslang an ihre Feudalherrscher gebunden. Ihnen hatten sie zu folgen, sie mussten Abgaben entrichten, Frondienste leisten und hatten nicht die Möglichkeit, aufzubegehren oder das Herrschaftsgebiet zu verlassen. Ja, sie waren Eigentum, mussten für ihre Herren auch in den Krieg ziehen oder wurden gar verkauft. Nicht einmal heiraten durfte man, wen man wollte. Das ist für uns heutzutage unvorstellbar.

In dem demokratischen Modell nach griechischem Vorbild ist das völlig anders. Der Herrscher wird per Mehrheitsbeschluss auf eine bestimmte Zeit gewählt. Er ist verantwortlich für sein Tun und muss sich nach einer festgelegten Zeit erneut einer Wahl stellen. Sind die Wähler mit seinem Tun unzufrieden, wird er einfach abgewählt und durch eine andere – vielleicht besser geeignete – Person ersetzt. Politische Entscheidungen werden somit im Idealfall durch den Mehrheitswillen der Bevölkerung gefällt. Eine demokratische Staatsform zeichnet sich durch folgende Merkmale aus:

1. Allgemeine und freie Wahlen. Hier darf jeder wählen und gewählt werden. Jede Stimme hat das gleiche Gewicht. Man darf frei wählen – ohne Druck und Einfluss von außen. Die Wahl ist geheim. Es darf eine Opposition, bestehend aus einem oder mehreren wählbaren Kandidaten, geben.
2. Garantie der Grundrechte. Die definierten Grundrechte (heute im Grundgesetz, der Verfassung) werden eingehalten und bleiben garantiert.

3. Aufteilung der Staatsgewalt, der sogenannten Gewaltenteilung. Hier sind die Legislative (die Gesetzgebung), die Exekutive (die ausführende Gewalt, Verwaltung) und die Judikative (die Rechtsprechung) voneinander unabhängig.

Die hier aufgezeigten Merkmale stellen nur den Rahmen dar, der allen Varianten demokratischer Regierungsformen gemein ist. Varianten, wie sie in einzelnen Ländern oder Nationen interpretiert werden, sind hier nicht erfasst.

Die genannten Merkmale sind in einem herkömmlichen feudalen System, das auf den Privilegien des Adels fußt, schlicht undenkbar. Dieses demokratische Denken widerspricht dem tradierten Herrschaftssystem von Grund auf. Solches Gedankengut gilt als aufrührerisch und sogar staatsgefährdend. Fürsten konnten sich mit solchem Gedankengut über Jahrhunderte hinweg nicht anfreunden und suchten solches freiheitliche Denken nachhaltig zu unterdrücken.

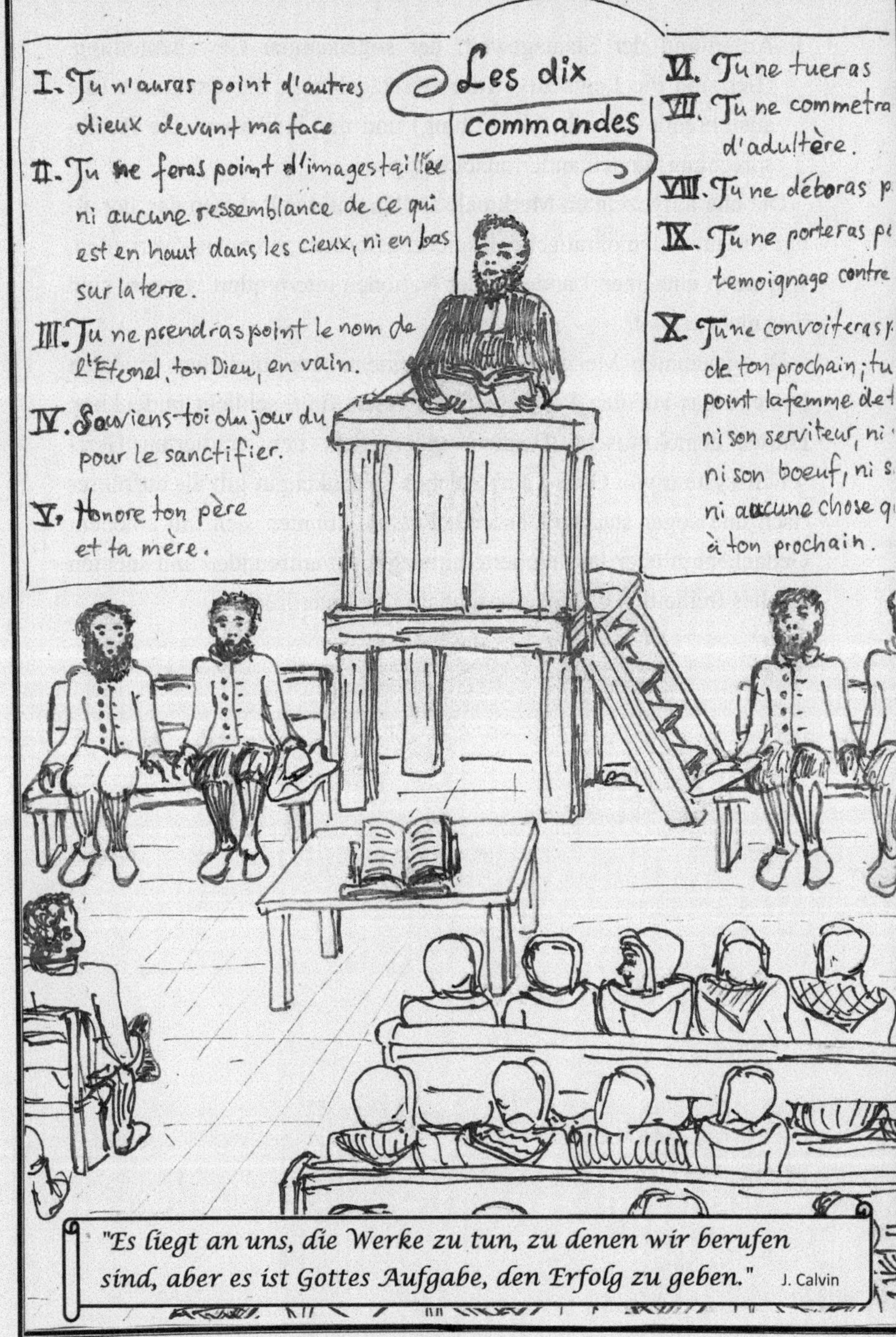

"Es liegt an uns, die Werke zu tun, zu denen wir berufen sind, aber es ist Gottes Aufgabe, den Erfolg zu geben." J. Calvin

Calvin und die Wurzeln demokratischen Denkens

Die Bundesrepublik Deutschland gilt heute im 21. Jahrhundert als Musterland demokratischen Denkens und Handelns.

Unsere Verfassung, das Grundgesetz (23.05.24 – 75 Jahre) ist Garant der freiheitlich-demokratischen Strukturen der Bundesrepublik Deutschland.

Das mit der Demokratie war natürlich nicht immer so. Erst seit einem relativ kurzen Zeitraum (19. Jahrhundert) gibt es so etwas wie den „demokratischen Gedanken“ in Deutschland. Und Demokratie als Staatsform gibt es erst seit der Weimarer Republik.

Die traditionelle Regierungsform, auch in Deutschland, war der Absolutismus. Jedes Land, jedes Fürstentum hatte einen absoluten Alleinherrscher, einen Fürsten, einen König. Dieses Privileg des Herrschens war an bestimmte Adelsfamilien gebunden und erblich.

Wo kommt denn in dem absolutistischen Umfeld dieser Gedanke der „Demokratie“ eigentlich her?

Vordenker im antiken Griechenland und die Bürger in den griechischen Stadtstaaten waren (Attische Demokratie bei Herodot) die ersten Wegbereiter.

„Bis ins späte 18. Jahrhundert stand Demokratie schwerpunktmäßig für die ursprüngliche Bedeutung eines Gemeinwesens, das sich unter Einbeziehung breiter Kreise seiner Bevölkerung selbst regiert. Unter Bezugnahme auf die attische Demokratie wurde Demokratie in diesem Verständnis mit Chaos, Despotismus der Massen und Demagogie assoziiert. Erst in den Jahren 1780 bis 1800 trat der Begriff Demokratie aus der Gelehrtensprache heraus, die heutigen Wortbedeutungen entwickelten sich, er wurde als politischer Begriff allgemein verwendet und war jahrzehntelang heftig umkämpft."[2]

Später, 1778, wurde dieser Gedanke unter dem Schlachtruf von „Freiheit, Gleichheit, Brüderlichkeit" in der französischen Revolution ausgerufen.

Das calvinistische Gedankengut der Hugenotten hatte Einfluss auf die Französische Revolution, insbesondere im Hinblick auf die Ideen von Freiheit, Gleichheit und Brüderlichkeit. Darüber hinaus könnte man auch die Ideen des calvinistischen Gedankenguts selbst betrachten, wie sie in Werken von Johannes Calvin dargelegt wurden, die den Geist der Selbstbestimmung und des Widerstands gegen Tyrannei und Ungerechtigkeit förderten. Obwohl direkte Einflüsse schwer nachzuweisen sind, haben diese Ideen zweifellos zur geistigen Atmosphäre beigetragen, die die Revolution befeuerte.

Auch die amerikanische Unabhängigkeitsbewegung setzte diesen Gedanken um. Abraham Lincolns Gettysburg-Formel beschreibt 1863 die „Regierung des Volkes durch das Volk".[3] Die Idee des demokratischen Denkens wurde im 18. und im 19. Jahrhundert immer moderner und populärer.

Nach Deutschland, oder besser in die deutschen Länder wurde der Ruf nach diesem Gedanken mit dem Hambacher Fest (1832) getragen. Später mit der Nationalversammlung 1848/49 in der Frankfurter Paulskirche konnte dieser Gedanke nach und nach auch in den deutschen Ländern Fuß fassen. Durchsetzen konnte er sich jedoch zunächst nicht. Zu stark waren die reaktionären Kräfte.

So steht es in den Lehrbüchern geschrieben.

Was hat denn die Entwicklung der Demokratie in Deutschland mit Neu-Isenburg zu tun?

Sicher, Neu-Isenburg war über lange Zeit hinweg direkter Zaungast der großen Geschichte – aber Einfluss? Nein, Einfluss hat ein Zaungast eigentlich selten. Neu-Isenburg war eine Siedlung, gegründet von französischen Hugenotten. Die Hugenotten waren Protestanten – keine Lutheraner, sondern Calvinisten.

(Hugenotten ist die etwa seit 1560 gebräuchliche Bezeichnung für die französischen Protestanten im vorrevolutionären Frankreich. Ihr Glaube war das Christentum nach der Lehre des Johannes Calvin.)

Johannes Calvin gilt als der zweite große Reformator – nach Martin Luther. Die Reformatoren wollten die katholische Kirche erneuern, sprich reformieren.

Calvin (1509–1564) entwickelte seine Lehren später als Luther und war auch ein Stück radikaler als dieser (Konflikt im Herrschaftsanspruch von Adel und Klerus).

Ja, was hat das denn nun mit Neu-Isenburg zu tun?

Wir hatten doch einen Fürsten, nämlich Johann Philipp von Ysenburg-Büdingen. Ja, und genau dieser Fürst stattete die hugenottischen Flüchtlinge, die Refugies, mit besonderen Privilegien aus. Dazu gehörte auch die Freiheit des Glaubens, die Freiheit, ihren französisch reformierten Glauben nach Calvin auszuüben.

Nun folgen Sie mir und lassen Sie uns den Worten von Frank-Walter Steinmeier, unserem heutigen Bundespräsidenten und des zur Zeit der Rede Außenministers der Bundesrepublik Deutschland folgen.

Was meinte Steinmeier zum Thema Calvinismus?

„Ohne Übertreibung kann man sagen: Calvin hat die Reformation zu einer gesamteuropäischen Bewegung gemacht. Die Auseinandersetzung zwischen reformierten Gemeinden und katholischer Gegenreformation wird bis weit ins 18. Jahrhundert hinein zum bestimmenden europäischen Grundkonflikt.

Was ist das Rezept für diesen ungeheuren Erfolg? Woher bezieht der Calvinismus seine prägende Kraft?

Wieder stoßen wir auf den Flüchtling, den Dissentier, den Laien, die kleine, aber glaubensstarke Minderheit. Die Kraft des Calvinismus ist die Kraft von unten! Mit ihm wird die Selbstorganisation der Gemeinde – wohlgemerkt: noch nicht die Demokratie! – zu einer geschichtlich bestimmenden Macht.

Fast überall bilden Flüchtlings-, Untergrunds- und Minderheitskirchen den institutionellen und geistlichen Kern des Calvinismus. Heute würde man, modern, von einem Basis-Netzwerk sprechen."[4]

Selbst da, wo sich einzelne Fürstenhäuser (z.B. das Haus Isenburg) den Lehren Calvins anschlossen, blieben deren Einfluss und Ausstrahlung begrenzt.

Nicht Macht und etablierte Strukturen, sondern Verfolgung und Ausgrenzung bestimmten das Leben der Gemeindeglieder. Das prägte ihren Glauben. Das verlieh den Kirchenordnungen die besondere Ausprägung. Während nach der Lehre des Reformators Luther die Durchführung der Reformation eher in die Hände der Territorialfürsten gelegt worden war, entwickelte sich im Calvinismus ein System der Kirchenleitung von unten. Das gab den Gemeinden eine Anpassungsfähigkeit, die sich vor allem unter Verfolgung (vgl. „Kirche in der Wüste") herausgebildet und bewährt hat.

Mit der Durchsetzung der vier Ämter – des Pfarrers, des Lektors (Vorleser+Lehrer), des Diakons (Seelsorger) und des Presbyter (Gemeindevorstand) – hatte Calvin ein klug austariertes System der Leitung für die Genfer Kirche (Calvins Wirkungsort) geschaffen. Die Verantwortung für die Gemeinde wurde auf verschiedene Personen verteilt. Keiner der Beauftragten stand über dem anderen.

Die Verantwortung für das Ganze trugen alle gemeinsam.

Und auch theologisch setzte der Calvinismus eher auf offene Netzwerke und Pluralität oder konnte es gar nicht anders tun! Es zählt zu den Merkmalen des reformierten Protestantismus, dass er über kein gemeinsames, alle Kirchen normierendes Bekenntnis verfügt.

Die Kraft des Calvinismus, die Kraft gemeindlicher Selbstorganisation beeinflusste nach und nach Reichsverfassung und Rechtsdenken. So wurde der Calvinismus zum Wegbereiter der Moderne, deren Gedankengut sich in Mitteleuropa nur sehr schwer, dafür aber in Holland, in Großbritannien und in den Kolonien in Übersee (Nordamerika) umso rasanter durchsetzen konnte.

Calvin war ein Türöffner, in manchem auch ein Mann des Übergangs. Er hat Wege gewiesen, die er selbst nicht mehr gegangen ist. Spätere Generationen haben seine Impulse aufgenommen. Sie haben sie weiterentwickelt und so unsere Gesellschaft entscheidend geprägt. Das gilt ganz besonders auch für das Verhältnis von Religion, Politik und Wirtschaft und die Bedeutung des Calvinismus für die Herausbildung der modernen Demokratie.

Man hat das „Genfer Modell“ oft als einen Ausgangspunkt der westlichen Demokratie bezeichnet. Insoweit ihm das Prinzip der Gewaltenteilung und der gegenseitigen Kontrolle zu Grunde liegt, wird man das – mit Abstrichen – sagen können.

So ist beispielsweise die Sitzordnung des calvinistischen Temple (Kirche) Grundlage der Sitzordnung vieler Parlamente (Halbkreis).

Der Calvinismus kann nicht als direkter Vorläufer der Demokratie in Zentraleuropa gesehen werden. Er konnte sich, wie oben erwähnt, hierzulande nicht durchsetzen. Zu stark waren die Widerstände aus Katholizismus und Absolutismus. Aber seine Funktion als „Wegbereiter“ demokratischen Denkens ist heute unbestritten.

Dazu folgerte Francis Fukuyama 2005 auf seinem Festvortrag zum „Calvinistischen Manifest“: „Die katholischen Teile Europas haben für die Modernisierung länger gebraucht als die protestantischen, und es hat länger gedauert, bis sie sich mit der Demokratie anfreunden konnten.“[5]

Am Ende dieses theoretischen Exkurses stellt sich die Frage, welchen Einfluss nun der Calvinismus der französisch-reformierten Hugenotten auf die Entwicklung demokratischen Denkens in Neu-Isenburg hatte.

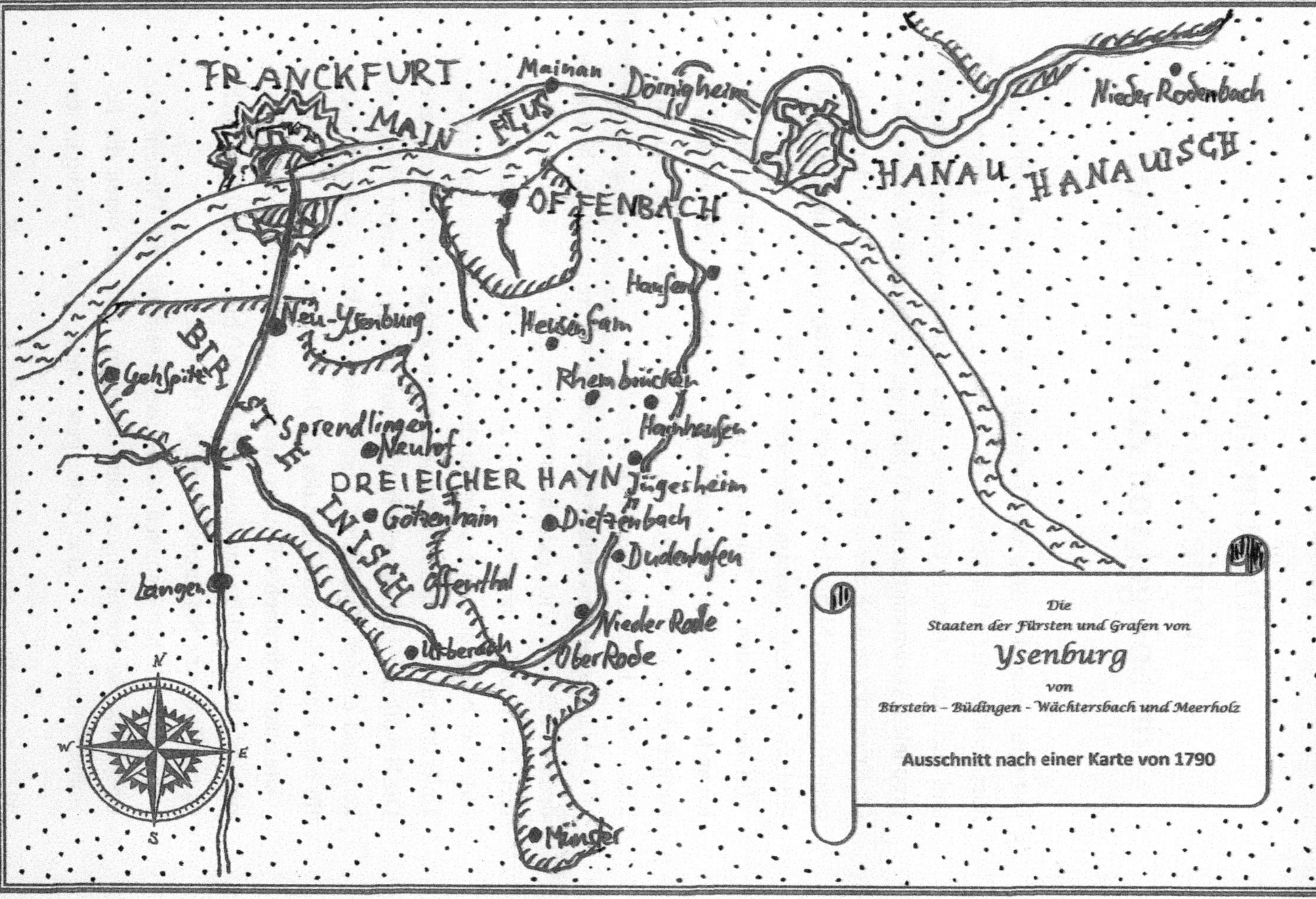
FRANCKFURT
Mainau
Dörnigheim
MAIN FLUS
Nieder Rodenbach
HANAU
HANAUISCH
OFFENBACH
Hausen
Heusenstam
Neu-Ysenburg
BIRSTEINISCH
Gehspitz
Rhembrücken
Hainhausen
Sprendlingen
Neuhof
DREIEICHER HAYN
Jügesheim
Götzenhain
Dietzenbach
Dudenhofen
Langen
Offenthal
Nieder Rode
Urberach
OberRode
Münster
N
W
E
S
Die
Staaten der Fürsten und Grafen von
Ysenburg
von
Birstein – Büdingen - Wächtersbach und Meerholz
Ausschnitt nach einer Karte von 1790

Mitbestimmung in der Colonie Neu-Ysembourg im Spiegel von Zeit und Region

Der Graf Johann Philipp von Ysenburg war ein sehr fortschrittlicher aber recht armer Fürst seiner Zeit. Seine umfangreichen Ländereien und auch sein Amtssitz Offenbach litten noch immer unter den katastrophalen Auswirkungen des 30-jährigen, des „großen Krieges". Dieser Krieg, der längste, der je auf deutschem Boden stattfand, der löschte in Mitteldeutschland etwa 40 % der Bevölkerung aus und ließ die öffentliche Ordnung zusammenbrechen.

Im ausgehenden 17. Jahrhundert gelang es Johann Philipp, wie vielen anderen deutschen Fürstenhäusern, nur sehr zögerlich, die Auswirkungen des „großen Krieges" zu kompensieren. Viele Orte und Höfe lagen brach. Eine Aufgabe für Generationen.

Das Haus Isenburg verfügte über weit verstreute umfangreiche Ländereien, ausschließlich jedoch im stark ausgedünnten ländlichen Gebiet. Die Stadt Offenbach selbst war keine freie Reichsstadt wie Frankfurt, was bedeutete, dass sie nicht dieselben Privilegien der direkten Unterstellung unter den Kaiser und der autonomen Stadtführung hatte. Die Bevölkerung Offenbachs bestand aus Fischern, Bauern, Handwerkern und einigen Kaufleuten. Die sozialen Strukturen waren typisch für eine kleine deutsche Stadt des 17. Jahrhunderts.

Die Stadt Offenbach selbst, wo der Graf von Ysenburg seinen Regierungssitz hatte, zählte um diese Zeit etwa 60 bis 70 Haushalte. Nicht einmal über eine Stadtmauer verfügte Offenbach.

In den ländlichen Gebieten des Hauses Ysenburg, den Dörfern, wie beispielsweise Sprendlingen, dem heutigen Dreieich waren die Bewohner "Unfreie" – also Leibeigene ohne jegliche Befugnis der

Selbstbestimmung. Die Gemeinde Heusenstamm gehörte den Herren zu Schönborn, einem katholischen Adelsgeschlecht. Dietzenbach hingegen gehörte zum Kurfürstentum Hessen-Kassel.

In dem benachbarten Frankfurt hingegen sah die Situation völlig anders aus. Frankfurt war freie Reichsstadt, was bedeutete, dass sie direkt dem Kaiser unterstand und eine große Autonomie genoss, einschließlich des Rechts, eigene Gesetze zu erlassen und Steuern zu erheben. Diese Stellung verstärkte ihre Rolle als bedeutender politischer und diplomatischer Schauplatz, vor allem während der Kaiserwahlen.

Wirtschaftlich war Frankfurt ein Knotenpunkt des Handels. Die Stadt profitierte von ihrer günstigen Lage an bedeutenden Handelsrouten, insbesondere am Main, der als Verkehrsweg zwischen dem Norden und Süden Europas diente. Der Frankfurter Messe, die zweimal im Jahr stattfand, kam eine zentrale Rolle im europäischen Handel zu.

Politisch unterstand die freie Reichsstadt dem Kaiser. Entscheidungen wurden vom Frankfurter Rat getroffen. Der Frankfurter Rat setzte sich bis zum Jahre 1806 aus den reichen Kaufmannsfamilien zusammen. Es finden sich hier prominente Namen wie Holzhausen, Glauburg, Stalburg, Wiesenhütten und viele andere.

Insgesamt war Frankfurt am Ende des 17. Jahrhunderts eine blühende Stadt, die trotz der Nachwirkungen des Dreißigjährigen Krieges ihre Rolle als wirtschaftliches und kulturelles Zentrum des Heiligen Römischen Reiches weiterhin erfolgreich ausbaute.

Das Verhältnis zwischen dem Haus Ysenburg und dem Frankfurter Rat war, wen wundert's, nicht das Beste.

Frankfurt hatte den 30-jährigen Krieg einigermaßen gut überstanden, Offenbach hingegen hatte stark unter Zerstörungen und mehrfachen Plünderungen glitten.

Während in Frankfurt die Wirtschaft florierte, herrschte in dem kleinen, armen Offenbach hingegen Not. Die Wirtschaft lag noch danieder. Hier herrschte ein ausgeprägter Menschen- und Fachkräftemangel.

Wenn das Haus Ysenburg bestehen und überstehen wollte, war Kreativität gefragt.

Die große Chance, sich wirtschaftlich zu erholen, bot im ausgehenden 17. Jahrhundert die Flucht der französisch-reformierten Calvinisten, der Hugenotten aus Frankreich.

Wurde Frankreich schon vom 30-jährigen Krieg nicht tangiert, so fanden sich unter diesen Flüchtlingen viele gut ausgebildete und hoch qualifizierte Menschen – und arbeitsam waren sie alle.

Die meisten Flüchtlinge waren nach England, nach Holland und nach Preußen unterwegs. Auch die Waldenser, eine weitere Gruppierung von Glaubensflüchtlingen aus dem Süden, galten als besonders strebsam, wenn auch als vornehmlich Landwirte, nicht unbedingt als hoch qualifiziert.

Kein Wunder, dass viele süddeutsche Fürsten die hugenottischen Flüchtlinge mit dem Angebot besonderer Privilegien anwarben.

Frankfurt war an sein Zunftsystem (keine Ansiedlung von Ortsfremden) gebunden und bot den vielen Flüchtlingen – man spricht von mehr als 200.000 Menschen – keine Bleibe.

Aber in Offenbach, in Hanau und in Kelsterbach fanden viele Flüchtlinge Unterschlupf. In Walldorf, in Friedrichsdorf und in Neu-Isenburg wurden sogar eigene autonome Siedlungen geschaffen.

Graf Johann Philipp von Isenburg, selbst deutsch-reformierten Glaubens, begriff den Flüchtlingsstrom als Chance, sich wirtschaftlich zu erholen. Er warb offensiv hugenottische Glaubensflüchtlinge, seine Glaubensbrüder, an, bei ihm zu siedeln.

Der Erfolg gab ihm recht. Bereits in den 90er Jahren des 17. Jahrhunderts gelang es ihm erfolgreich, eine Reihe von Glaubensflüchtlingen in Offenbach anzusiedeln. Diese Menschen waren gut ausgebildet, fleißig und gottesfürchtig.

Diesen Erfolg wollte er im Jahre 1698 mit einer späten Gruppe von hugenottischen Flüchtlingen fortsetzen. Doch im Gegensatz zu den früher angesiedelten Hugenotten waren es dieses Mal keine gut ausgebildeten Handwerker und Kaufleute, sondern verarmte und entwurzelte Bauern aus dem südfranzösischen Grenzgebiet zur Schweiz, aus Bergtälern.

Schnell zeigte sich, dass er diese fleißigen und gottesfürchtigen Menschen in seinem Land halten wollte. Er konnte ihnen in Offenbach kein Land zur Verfügung stellen. Alle Fläche war bereits belegt. Doch was hatte er zu bieten?

Johann Phillip hatte neben dem wirtschaftlichen Aufschwung großes Interesse daran, seinen unliebsamen Nachbarn aus Frankfurt die Grenzen aufzuzeigen. Gleichzeitig gab es eine Gruppe von Flüchtlingen, die in Offenbach nicht bleiben konnten. So kam es, dass er diesen Siedlern am südlichen Rande des Frankfurter Stadtwaldes und direkt am „Hainer Weg" nach Sprendlingen eine Siedlungsfläche zuwies.

Diese Siedlungsfläche war jedoch sehr schlecht. Der Boden war nass, sandig und darüber hinaus sumpfig. Hier wuchsen Schilf und andere Feuchtgräser. Das war kein Ort, um erfolgreich Landwirtschaft betreiben zu können.

Voller Vertrauen, dass diese Menschen, wenn er sie denn zum Bleiben veranlassen konnte, diese Siedlung erfolgreich entwickeln konnten, stattete er die Menschen dieser Gruppe, etwa 30 Familien, mit besonders starken Privilegien aus.

Zusätzlich ließ er dieser Siedlung durch den Architekten Andreas Löber eine besondere Form geben. Das Andreaskreuz bot sich für ihn als ideale Form an. Was der genaue Grund für diese Formgebung war, wird bis zum heutigen Tag diskutiert. Wir zeigen hier folgende Argumente. Das Andreaskreuz war ein sehr selbstbewusster und prominenter Grundriss, wie er im Schlosspark von Versailles oder im Park des Schlosses Sanssouci in Potsdam zu finden war. Gleichzeitig ließ sich in dieser Form das „Hugenottenkreuz", das Symbol des französisch reformierten Glaubens, wiederfinden.

Außerdem ließen sich Siedlungshäuser, die in dieser Form angeordnet waren, gut verteidigen.In deren Mitte ließ er als herrschaftliches Wahrzeichen ein Abbild eines Eckturmes des Ysenburger Schlosses in Offenbach errichten.

Das geschah im Jahre 1699.

Natürlich blieben nicht alle vereidigten Flüchtlinge an diesem Ort. Etliche Familien ließen sich nicht verlocken, für immer hier zu bleiben. Sie suchten sich schnell einen anderen Ort, an dem es sich besser leben und wirtschaften ließ,vor allem einen Ort, an dem man nicht als Prellbock zwischen Machtblöcken stand, und wo man auf dem Land ein Auskommen finden konnte.

Um in dieser Situation bestehen zu können, billigte Johann Philipp von Ysenburg den hugenottischen Siedlern weitreichende Privilegien zu. Diese Privilegien fasste er stärker als sie anderswo zu finden waren. Nachdem die Refugies eingewilligt und ihm den Treueeid geleistet hatten, gestattete er ihnen eine besonders weitreichende autonome Selbstbestimmung.

Diese den Siedlern gewährte Selbstbestimmung war durchaus mit den Befugnissen der reichen Patrizierfamilien in Frankfurt zu vergleichen – halt eben nur in arm. Eine Provokation ohnegleichen.

Diese Selbstbestimmung hatte allerdings einen religiösen Hintergrund. Sie fußte auf den Lehren Calvins und wurde von den Hugenotten in Frankreich bereits seit langer Zeit praktiziert.

So kam es, dass die Colonie Neu-Ysenburg von Beginn an zu einer fremden, abgekapselten Siedlung mit eigenen Rechten und Gepflogenheiten wurde.

Heute würde man für die Situation des Ortes eine Metapher gebrauchen, hier bildete sich eine „demokratische Gemeinschaft unter einer Käseglocke“.

Im Temple wird gewählt

Die Privilegien als Grundlage des frühen Zusammenlebens in der Gemeinde

„Das hart erkämpfte 'Proprium' (Eigenschaften eines Menschen, die seine Identität ausmachen) der französisch-reformierten Kirchengemeinde, die lokale Anwendung des französischen reformierten Kirchenrechts, führte zu jahrzehntelangen Auseinandersetzungen mit dem Landesherren und beanspruchte erhebliche Ressourcen seiner Verwaltung. Die Refugies und ihre Nachkommen pochten erbittert auf ihre Privilegien und stritten hartnäckig, wenn auch nicht immer erfolgreich, um jedes kleine Stückchen ihrer lokalen Autonomie."[6]

Aber was sind denn diese Privilegien? Ganz einfach. Es sind Sonderrechte gegenüber der einheimischen Bevölkerung.

Die Grundlagen der Privilegien für hugenottische Flüchtlinge waren weitgehend auf Schutz, Religionsfreiheit und wirtschaftliche Unterstützung ausgerichtet. Nach ihrer Ankunft in den Aufnahmeländern erhielten die Hugenotten oft Privilegien, die ihnen bestimmte Rechte und Vorteile gewährten. Das Ziel war immer, die Flüchtlinge zum Ansiedeln zu bewegen. Die Integration in die einheimische Bevölkerung war in aller Regel nur da im Fokus, wo die Flüchtlinge in bestehende Gemeinwesen integriert wurden. Dort, wo eigenständige Siedlungen entstanden, besaß die Integration in die deutsche Gesellschaft eine weit geringere Dringlichkeit.

Diese Privilegien umfassten unter anderem:

1. Religionsfreiheit: Die Hugenotten wurden oft von religiöser Verfolgung in ihrem Heimatland vertrieben und erhielten daher das Recht, ihre reformierte Religion frei auszuüben, ohne Furcht vor Repressalien.

2. Schutz vor Verfolgung: Die Aufnahmeländer garantierten den Hugenotten Schutz vor Verfolgung und Diskriminierung aufgrund ihrer religiösen Überzeugungen.
3. Wirtschaftliche Unterstützung: In einigen Fällen wurden den Hugenotten finanzielle Unterstützung oder Steuervorteile gewährt, um ihnen bei der Integration in die Wirtschaft des Aufnahmelandes zu helfen. Dies konnte die Bereitstellung von Land, finanziellen Mitteln oder Handelsprivilegien umfassen.
4. Lokale Autonomie: In einigen Fällen erhielten hugenottische Gemeinden auch Privilegien, die ihnen eine gewisse Autonomie in lokalen Angelegenheiten gewährten, wie beispielsweise das Recht, ihre eigenen Kirchen zu gründen und zu verwalten oder eigene Gerichtsbarkeiten einzurichten.

Diese Privilegien bildeten die Grundlage für das frühe Zusammenleben der Hugenotten in ihren neuen Gemeinden und halfen ihnen dabei, sich trotz der Herausforderungen der Migration in ihre neuen Gesellschaften zu integrieren.

Die von Landesherren gewährten Privilegien waren natürlich nicht überall gleich, sondern wurden individuell mit den Refugies ausgehandelt.

Generell kann man sagen, dass, je schlechter die wirtschaftlichen Rahmenbedingungen für die Siedler an dem Ankunftsort waren, umso umfangreicher und stärker wurden die Freiheiten der Privilegien gewährt.

Und – die Siedlungsbedingungen für unsere Siedler waren auf diesem Landstück ganz besonders schlecht.

Am stärksten und stabilsten waren die Privilegien in den rein hugenottischen Siedlungen, den hugenottischen Gründungen ausgestaltet, in denen sie keine Hinzukömmlinge waren. In diesen Siedlungen konnte sich das Gemeinwesen besonders stark und stabil – ohne innere Glaubenskonflikte – entfalten. Das waren im heutigen Hessen neben Neu-

Isenburg beispielsweise Waldorf (Waldenser), Friedrichsdorf, Waldensberg (Waldenser) und Bad Karlshafen, um nur einige zu nennen.

Ein detaillierter Vergleich zu den Privilegien, die von anderen Fürsten gewährt wurden, existiert bislang nicht.

Man kann jedoch sagen, dass die Ausgestaltung der Privilegien immer in Wechselwirkung damit stand, was ein Fürst den Flüchtlingen zu bieten hatte.

Ganz grob unterteilt man die Privilegien in solche, die eher weltlicher Natur waren und in solche, die sich auf die Religion, also die Ausübung des reformierten Glaubens bezogen.

Ich will an dieser Stelle die 14 Neu-Isenburger Privilegien in Auszügen kurz benennen und kommentieren:

Art. 1:
„Was das vornehme Stück, die Religion anlangt, so sollen sie die freie und öffentliche reformierte Religionsausübung für sich und ihre Nachkommen für alle Zukunft haben. ...“[7]
Ja, unser Fürst, selbst deutsch-reformierten Glaubens, war recht tolerant was den Glauben seiner Untertanen betraf. Nichtsdestotrotz erlaubte er den Sprendlinger Lutheranern von etwa 1700 bis 1710 nicht, in ihrer Kirche den Gottesdienst zu feiern. Im sogenannten Sprendlinger „Kirchenstreit“ ließ er die Türe der Sprendlinger Kirche auf die Dauer von 10 Jahren (!) zunageln.
Die Sprendlinger Lutheraner (das war das ganze Dorf) mussten nach Dietzenbach (gehörte zum Fürstentum Hessen-Kassel) zum Gottesdienst gehen.

Art. 2:
„Sie sollen die Freiheit haben, sich einen Pfarrer zu erwählen, ... zur Ausübung ihrer Kirchendisziplin. ... Dasselbe Recht sollen sie in Bezug auf den Vorsänger oder Vorleser und den Lehrer haben, ...“[8]

Nach dem reformierten Glauben ist es Usus, dass der Pfarrer in einer freien Wahl durch die Gemeinde gewählt wird. Bei den Lutheranern wird der Pfarrer eingesetzt. Einen Lehrer gab es zu dieser Zeit in der ganzen Dreieich, also auch in Sprendlingen, nicht.

Art. 3:

„Sie sollen die Freiheit genießen, unter sich eine kirchliche Gemeindeverwaltung, Presbyterium (heute Kirchenvorstand) genannt, zu erwählen und einzurichten, welche außer öffentlicher Rüge (von der Kanzel aus, vgl. „abkanzeln") und Ausschließung vom heiligen Abendmahl (massive Stigmatisierung) mit Geldstrafe (in die Armenkasse, vgl. Gerichtsstrafen) ..."[9]

Eine Wahl gab es bei den Lutheranern nicht. Der Kirchenvorstand und auch die Person des Pfarrers wurden bestimmt. Hier sehen wir die Ausübung einer „doppelten Gerichtsbarkeit", nämlich der kirchlichen und einer weltlichen.

Art. 4:

„... In Betreff auch der „Synoden" (Zentralorgan protestantischer Selbstverwaltung-genossenschaftlicher Charakter) genehmigen und wollen wir, dass der jeweilige Sprecher oder Pfarrer genannten Dorfes möglich mache, sich einzufinden und beizuwohnen. ..."[10]

Hiermit genehmigte der Fürst, dass übergeordnete Entscheidungen, auch zu Streitfragen, eingeholt und akzeptiert würden. Er akzeptiert, dass es eine (weltliche) Gerichtsbarkeit neben der eigenen, fürstlichen, gibt.

Art. 5:

„... erlauben wir ihnen und ihren Nachkommen für immer, dass sie unter sich selbst ... einen Schultheißen und vier Schöffen erwählen und bestellen mögen, welche für die Polizeiverwaltung des erwähnten Isenburg sorgen ... (eingeschränkte weltliche Gerichtsbarkeit)"[11]

In den Isenburger Ländereien, in Sprendlingen und in den anderen Orten seiner Ländereien hingegen bestimmte der Fürst den Schultheißen. Das musste dort auch niemand aus der Gemeinde sein. Die Dauer der Amtszeit bestimmte der Fürst. Das war im Stile des Absolutismus, im Stile der damaligen Zeit.
In dem Ort Isenburg hingegen legte der Fürst eine Amtsperiode von einem Jahr fest. Der Schultheiß, also der Maire (Bürgermeister) wurde ebenso demokratisch gewählt wie die Schöffen, wie der Pfarrer und der Gemeindevorstand. Der Landesherr behielt sich als höchste Gerichtsbarkeit lediglich die sogenannte „Blutgerichtsbarkeit" vor. In der Blutgerichtsbarkeit wurden Kapitalverbrechen behandelt, die eventuell sogar mit der Todesstrafe geahndet wurden.

Art. 6:
„Wir versprechen und wollen einem Jeden zu freiem Geschenk und zu Eigentum für sich und die Seinigen für immer nicht allein einen Platz an dem Ort geben, ... Außerdem genießen sie Holz zum Brennen, Weide und Wasser, ..."[12]
Wer bekommt denn heute noch ein Grundstück geschenkt, nebst Wasser und Heizung?

Art. 7:
„Sie sollen für sich und ihre Nachkommen immer frank und frei sein und sollen keineswegs verkauft, ausgetauscht oder gezwungen werden können in den Krieg zu ziehen. ..."[13]
In den Isenburger Ländereien gab es außer in dem Ort Neu-Isenburg keine freien Bürger. Alle in den anderen Ortschaften wohnenden Menschen waren Unfreie, also „Leibeigene" des Fürstenhauses. Die Unfreien durften beispielsweise den Wohnort ohne Genehmigung des Fürsten nicht verlassen oder konnten sogar als Söldner (z.B. an England) verkauft werden. Das sollte auch noch 100 Jahre so bleiben.

Art. 8:

„Sie sollen während 10 Jahren von dem Tage dieses Vertrages oder von der Zeit der Besitzergreifung in genanntem Dorf gerechnet, vollständig frei und ledig sein von allen Abgaben ...“[14]

Steuerfreiheit für 10 Jahre – wer will das nicht?

Art. 9:

„Sie (die Siedler) und ihre jetzigen und späteren Nachkommen sollen auch die Freiheit haben, ... gemäß unserer Landesverordnung, ihr festes und bewegliches Gut, mögen es Schenkung, Testament oder andere letzte Willensbestimmungen sein, ... festzulegen , nur zugunsten der allernächsten Verwandten. Das Haus und die unbeweglichen Güter sollen beisammen gelassen (bleiben).“[15]

„Sollten keine rechtmäßigen Erben vorhanden sein, sollten die beweglichen Güter den Armen des Ortes verbleiben. Von den unbeweglichen aber Uns (dem Fürsten) drei Viertel, das übrige eine Viertel der Gemeinde zukommen, dass es zu ihrem Nutzen verwendet werden soll. Jedoch mit der Auflage, das Haus und die unbeweglichen Güter beisammen gelassen mit dem vierten Teil des Wertes verkaufen und wie vor genannt zu verteilen.“[16]

Geregeltes Erbrecht. Wenn um das Jahr 1700 für die Untertanen des Hauses Isenburg keine Erben vorhanden waren, galt das Erbrecht des „Heimfalls“. Nach diesem Recht fiel der Grundbesitz des Verstorbenen an den Landesherren zurück, also an das Haus Isenburg. Dies geschah, wenn der Verstorbene keine direkten Nachkommen oder andere Erben hatte, die das Erbe antreten konnten. Der Landesherr erhielt dann das Recht, über den verlassenen Besitz zu verfügen oder ihn neu zu vergeben.

Art. 10:

„Obgleich die Zehnten uns (dem Fürsten) auf besondere Weise zusteht, ... gewähren wir ihnen, ... für immer und ewig alle Arten

von großen und kleinen Zehnten, welcher Gestalt sie auch sein mögen, diese zum Unterhalt ihres Pfarrers und Lehrers zu verwenden. ...“[17]
Der verarmte Fürst verzichtet langfristig auf seine Steuern. Dieses Privileg wurde von den Nachfolgern von Johann Philipp schnell gekippt. Schade.

Art. 11:
„... Ebenso wollen wir ihnen frei Jahrmärkte gestatten, welche sie zweimal im Jahre halten sollen: nämlich den ersten Freitag im April und im Herbst am Freitag nach dem Gießener Markt, ...“[18]
Ohne Kommentar. Die Isenburger Kerb im Herbst und im Frühjahr ist das Überbleibsel dieses Marktrechtes.

Art. 12:
„... Damit auch die Portionen, welche zu jedem Haus gehören, soviel als immer möglich, nicht separiert oder verteilet werden, ...“[19]
Die Grundstücke sollten erhalten bleiben und nicht durch Erbteilung oder Verkauf verkleinert werden. Das hat wohl nur teilweise geklappt. Die Sichtbarkeit und Erhaltung der alten Grundstücksgrenzen ist aber heute ein wesentlicher Bestandteil des Architekturdenkmals „Alter Ort“.
„... Jeder Hauseigentümer soll für immer das Recht und die Vollmacht haben, die vormals davongekommenen Stücke (Grundstücke) seines Antheils wieder zu erringen. ...“[20]
Hierbei dreht es sich um ein Vorkaufsrecht, falls ein Eigentümer seinen Grund aus finanzieller Not verkaufen musste.

Art. 13:
„Wir wollen und erlauben ... wegzuziehen, wann und wie es ihm gefällt, ...“[21]

Diese, heute selbstverständliche, Freizügigkeit war im absolutistischen Gefüge nicht denkbar. Die Sprendlinger durften das nicht!

Art. 14:
„Endlich soll es nur 2 Gasthäuser geben, ….“[22]
Das ist Gott sei Dank nicht mehr aktuell.

Es war nicht zu übersehen, dass unser Fürst, Johann Philipp von Ysenburg, seine Siedler mit Rechten ausstattete, wie sie in der damaligen Zeit unter der ansässigen Bevölkerung ganz und gar nicht üblich waren. Dieser Umstand resultiert einzig und allein aus der Tatsache, dass die hugenottischen Flüchtlinge meist begehrte Handwerker waren und die deutschen Fürsten sich gegenseitig darin überboten, die Hugenotten mit besonderen Privilegien zu locken, sich auf ihren Ländern anzusiedeln.
Durch die Folgen des 30-jährigen Krieges herrschte weit und breit „Facharbeitermangel“ – so würde man das heute bezeichnen.
Unser Fürst suchte in den Kolonisten fleißige, kompetente und loyale Untertanen, die sein Gebiet nach Frankfurt hin absicherten.
Wen wundert es, dass es den hugenottischen Flüchtlingen, ohne die örtlichen Bedingungen zu kennen, leicht fiel, dem Fürsten den „Treueeid“ zu leisten.

Diese „hart umkämpften“ Privilegien wurden in der Folgezeit von den jeweiligen Machthabern Schritt für Schritt abgeschafft. Heute, Anfang des 21. Jahrhunderts, sind nur noch zwei Privilegien übrig. Das sind Privileg Nr. 2, die freie Wahl des Pfarrers durch die Gemeinde, und das Recht zwei Mal im Jahr (Privileg Nr. 11) einen Jahrmarkt abzuhalten.

Alle anderen Privilegien wurden entweder abgeschafft oder der jeweils aktuellen Gesetzgebung angepasst. Es gab die sogenannten „Brüche“.

Durch diese Privilegien erst ermöglichte der Fürst die Ausgestaltung und die Funktion der reformierten Lebensweise und selbstbestimmte Grundhaltung in der Gemeinde Neu-Isenburg.

Als weiterführende Frage wäre zu stellen, welche Spuren diese Privilegien des geschlossenen Gemeinwesens Neu-Isenburg bis zum heutigen Tag hinterlassen haben?

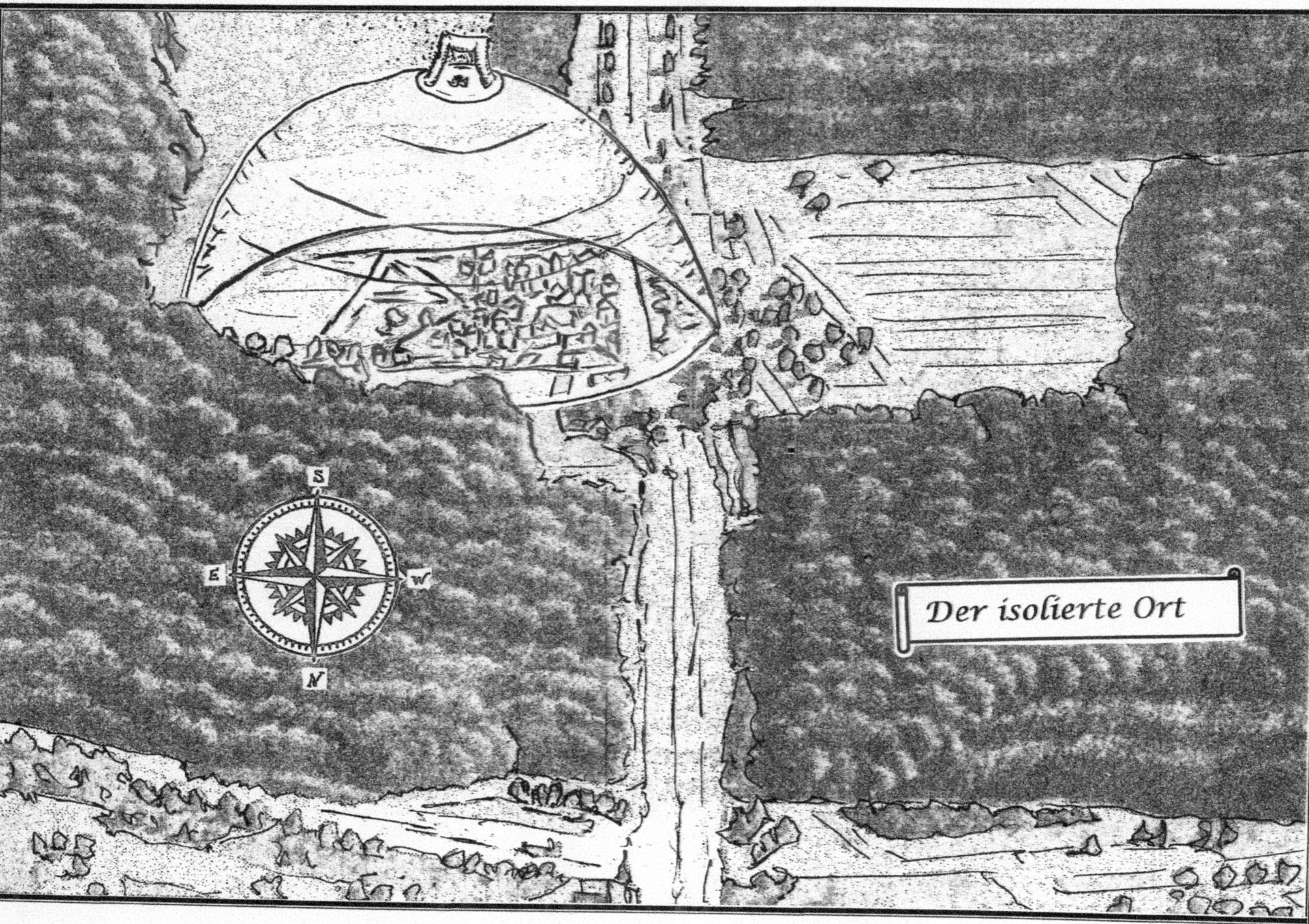
S
E
W
N
Der isolierte Ort

6. Tableau de Temps - Zeittafel der Stadt Neu-Isenburg

Folgende Daten sind aus verschiedenen - meist alten und längst vergriffenen - Veröffentlichungen zusammengesucht und neu geordnet. Ergänzt ist diese Aufstellung durch zeitgeschichtliche Daten von Wikipedia.
Da es sich immer um Sekundär-Literatur handelt, ist die Genauigkeit der vorgelegten Daten von der Genauigkeit dieser Quellen abhängig.

Farbcode der sozialen Wegmarken in N-I:

1699 1700	Diese ersten zwei Jahre der **Orientierung**. Man kommt an, die Grundstücke werden vermessen und zugeteilt. Man baut erste Hütten.
1701 1742	**Das Gemeinwesen entsteht**. Die öffentlichen Gebäude entstehen, die Behelfsunterkünfte weichen nach und nach ersten festen Häusern. Die Verwaltungsstruktur der „Colonie" entsteht und man richtet sich im Rahmen der französischen Kultur und des reformierten Glaubens ein. Ein stabiles Gemeinwesen gemäß der Privilegien in Sprache und Religion. Insgesamt 109 hugenottische Familien zugewandert.(vgl. Festschrift 250-Jahrfeier, S.20)
1743 1829	Phase der zunehmenden Verdünnung französischer Sprache und Kultur
1830 1871	Man wird deutsch und deutscher
1872	Das Deutsche Reich. Weg mit den Franzosen - her mit dem Aufschwung

Jahr	Nr.	Bürgermeister/ Maire	Adresse (heute)	Pfarrer + Kirchenälteste	In Neu-Isenburg ...	In der Welt ...
1699	Gewährsmann und Dolmetscher des Fürsten:		Marktplatz 8 (heute ev.ref. Gemeindezentrum)	Aushilfsweise; Pfarrer in Offenbach/M.	Übergabe an die ersten Siedler 23.06.1699 (34 Familien, 107 Personen)	Noch hugenottische Flüchtlinge
1700		**Bärenfänger** (Jäger des Fürsten)		**Bermond,** Isaac (Vivrais, F.)	Ankommen und Hausbau. Der Ort entsteht. Beginn „Weidekriege" mit den Nachbargemeinden	Der Gregorianische Kalender wird eingeführt. Beginn des sog. „Kirchenstreites" in Sprendlingen.
1701	1.	**Etienne,** Robert (Qainsy/Dauphine F.) >Schmied<	Kronengasse 20-22, Offenbacher Str. 2-8	**Archer,** Jean (Mens/Dauphine, F., zuvor Waldensberg)	Die Strukturen der Selbstverwaltung werden gelegt. Erste Eheschließung.	Der spanische Erbfolgekrieg beginnt
1702 .	2.	**Olivier,** Salomon (gen. Le père)	Kronengasse 14	Strenge „Kirchenzucht"	Der Fürst platziert sein Wahrzeichen, „den Turm" auf den	Letzter Hugenottenkrieg in Frankreich

					„Place de communauté“ Beginn Kirchenbau. Waldensische Siedler kommen hinzu.	
1703	3.	**Flot**, Etienne	*		Ca. 250 Einwohner (68 Familien)	
1704	4.	**Theissier**, Jean (Ribaule, F.) >Strumpfweber<	Kronengasse *		Erste Deutsche im Ort. Jean A..Schmidt (Hirte)	„Kamisarden“. Aufständische in den Cevennen (franz. Alpenregion)
1705		**Olivier**, Salomon (gen. Le père)	Kronengasse 14			
1706	5.	**Vivier**, Benjamin	Marktplatz 3 / Kronengasse 2	Fertigstellung der ersten Kirche am Marktplatz	Bürger werden auf Kollekten-Sammeltour geschickt – für Kirche	
1707		**Olivier**, Salomon (gen. Le père)	Kronengasse 14		Bürger werden auf Kollekten-Sammeltour geschickt – für Kirche	
1708		*	*			
1709		*	*			Jahrhundertwinter

1710	6.	**Bastide,** Jaques >Gastwirt, „Goldene Krone“<	Kronengasse / Frankfurter Str.	**Deynaud,** Francois (Avignon, F.) Strenge „Kirchenzucht“	Der Fürst übergibt der Gemeinde seinen „Turm“ als „Rathaus“ Die Schule wird fertig.	Ende des sog. „Kirchenstreits“ in Sprendlingen, Pestepidemie in Preußen
1711		*	*		Ab jetzt Zahlung des 10ten an den Fürsten (Steuern).	Krönung Kaiser Karl VI. in Frankfurt/M.
1712	7.	**Roy,** Lois	Pfarrgasse 4			
1713	8.	**Arnoul,** Pierre (Dauphine, F.) >Bierbrauer<	Pfarrgasse 23		Eine dichte Hecke wird rund um den Ort gepflanzt	
1714	9.	**Xandry,** David (Vars, F.) >Bäcker<	Kronengasse 16			
1715	10.	**Joly,** Isaac (St. Denis, F.) >Händler<	Löwengasse 20-24,	**De Champ Renaud,** Abraham (Cully, F.) Strenge „Kirchenzucht“		Sonnenkönig Ludwig XIV stirbt
1716	11.	**Evatt,** Pierre	Kronengasse 9			
1717	12.	**Ducorbier,** Jean	Löwengasse 4		Im Fürstentum Ysenburg keine	Einführung der Schulpflicht in Preußen

				Schulpflicht – nur in Neu-Isenburg	
1718		**Joly,** Isaac	Frankf. Str. 24-30		Der „Schutzherr“, Fürst Jean Phillipe von Isenburg stirbt. Großbrand in Frankfurt
1719	13.	**Droume,** Michel (Vars, F.) >Kaufmann<	Kronengasse 8	Beginn - Abbau der „Privilegien“	Neuer Fürst: Wolfgang Ernst zu Birstein
1720		**Bastide,** Jaques Gastwirt der „Goldenen Krone“	Frankf. Str. 42-46		
1721	14.	**Oudelette,** David >Geometer<	Hirtengasse 12-18 *		Pest in Frankreich
1722	*		*		
1723	*		*	Unter best. Bedingungen dürfen nun Deutsche „Grund“ erwerben	
1724	15.	**Cran,** Pierre (Noisy, F.) >Händler<	*		

1725		**Etienne,** Robert	Kronengasse 20-22, Offenbacher Str. 2-8		
1726		**Droume,** Michel	Kronengasse 8		
1727		**Bastide,** Jaques Gastwirt der „Goldenen Krone"	Kronengasse / Frankfurter Str.		
1728		**Ducorbier,** Jean	Löwengasse 4		Der Hainer Weg wird von Sachsenhausen bis zur Stadtgrenze am Frankfurter Haus befestigt
1729	16.	**Xandry,** Pierre (Metz, F.) >Bäcker/ Strumpfweber<	Frankfurter Str. 42-46		
1730		**Joly,** Isaac	Hirtengasse 20-22		
1731		**Xandry,** Pierre	Frankfurter Str. 42-46		Frankfurt-Aufhebung der Autonomie der Zünfte,
1732		**Ducorbier,** Jean	Löwengasse 4	Die letzten hugenott. Flüchtlinge kommen	

				(Fam. Claude Brousson)	
1733	17.	**Reviol,** Pierre (Aoste, F.) >Strumpfweber<	Frankf. Str. 32		
1734	18.	**Balcet,** Jean	Löwengasse 14-16		
1735	19.	**Gravillon,** Pierre Claude (Lyon, F.) >Strumpfweber<	Marktplatz 6		
1736		**Reviol,** Pierre	Frankf. Str. 32		
1737		**Balcet,** Jean	Marktpl.2 / Kronengasse 1		
1738		**Cran,** Pierre	*		
1739	20.	**Pons,** Pierre David >Strumpfweber<	*		
1740					
1741					

1742				Gestorben 1742	1720-1742, 33 deutsche Familien	Krönung Kaiser Karl VII. in Frankfurt/M.
1743				**Plan**, David (Hanau. D) Erster Pfarrer der 2. Generation Zuvor in Waldens- berg, dann in Friedrichsdorf		1742-45 Frankfurt ist kaiserl. Residenzstadt
1744					Das Pfarrhaus brennt ab	Strenger Winter
1745		**Reviol**, Pierre	Frankf. Str. 40			Krönung Kaiser Franz I. in Frankfurt/M.
1746	21.	**Filleul**, Jean Louis	*		Magere Zeit	Einführung der Kartoffel in Preußen, sog. „Kartoffelbefehl"
1747	22.	**Arnoul**, Jacob	Pfarrgasse 23-25			
1748	23.	**Leger**, Samuel	Hirtengasse 8-10			Ende Österr. Erbfolgekrieg
1749						J.W.Goethe wird in FfM. geboren
1750						
1751						Letzte Hexen- verbrennung in Süddeutschland, Das Jahresende wird

Jahr	Nr.	Pfarrer		Lehrer	Gemeinde	Ereignisse
						von Ostern auf den 31. Dez. verlegt
1752						Benj. Franklin erfindet den Blitzableiter
1753	24.	**Vasserot**, Jean	*			
1754		**Pons**, Pierre David		Ging nach Holland - mehr Geld		
1755	25.	**Reviol**, Jacob	*	**Mäder**, Abraham (Mühlhausen,D.)	Die Deutschen dürfen den deutschen Gottesdienst in Sprendlingen besuchen	
1756						Beginn 7-jähriger Krieg
1757					Erneut - magere Zeiten	Epoche wirtschaftlichen Niederganges
1758				**Zollicofre**, Georg Joachim (Mühlhausen, D.)		
1759				**Lepper**, Jean Daniel		1759-63 Frankfurt wird (zum 1. Mal) von den Franzosen besetzt
1760		**Pons**, Pierre David	*	(Mühlheim a.R.,D.)	55 deutsche Familien	

1761				Abwechselnd deutsche und französische Predigt.	**„Kirchenkrach“.** Schlägerei zwischen deutschen und franz. Kirchgängern. Etliche Bürger werden für 3 Monate in Offenbach inhaftiert	
1762						
1763						Ende 7-jähriger Krieg
1764						Krönung Kaiser Joseph II. in Frankfurt/M., J. Watt erfindet die Dampfmaschine
1765	26.	**Delrieux,** Jean Roustan	Löwengasse 15			
1766					Familie Bansa erwirbt die Löbermühle	
1767						
1768				**Emmerich,** Georg Henri	Kollekte zum Bau der neuen Kirche werden gesammelt	
1769						

1770	**Delrieux,** Jean Roustan			Bürger werden auf Kollekten-Sammeltour geschickt	
1771					Hungersnot in Preußen, erster Anbau von Kartoffeln
1772					
1773			**Weydenbach,** Jean Louis	Beginn Neubau der Kirche (aus Stein)	
1774	**Delrieux,** Jean Roustan			Sehr schwere Unwetter	
1775				Einweihung der neuen Kirche	Beginn amerik· Unabhängigkeitskrieg
1776					
1777				Beginn deutschen Unterrichtes	
1778					
1779	**Delrieux,** Jean Roustan				
1780					England erklärt Niederlande den Krieg

1781				Eröffnung der ersten deutschen Schule	Österreich hebt die Leibeigenschaft auf
1782			**Roediger**, Guillaume		
1783	**Delrieux**, Jean Roustan		(Saarbrücken, D)		Ende Unabhängigkeits-krieg in Amerika
1784					
1785					
1786					
1787	**Delrieux**, Jean Roustan			Großes Kopfschütteln über das Treiben in Offenbach	Der Sektenführer J. Frank zieht mit seinem Gefolge in das Isenburger Schloss ein. USA erhält Verfassung.
1788					3 Jahre ist Offenbach nun geistiges Zentrum der Sekte und Wallfahrtsort
1789				Es gibt keinen Fluchtgrund mehr	Revolution in Frankreich. Französische Nationalversammlung

1790						Krönung Kaiser Leopold II. in Frankfurt/M.
1791	**Delrieux,** Jean Roustan					In Frankreich Rechte der Frau als Bürgerin
1792						Krönung Kaiser Franz II. in Frankfurt/M. F. wird (zum 2.Mal) von den Franzosen besetzt
1793						Frankreich schafft die Monarchie ab und wird Republik
1794				**Gaquoin,** Phillip Chrétien (Hanau, D.)		In Frankreich Trennung von Religion und Staat
1795	27.	**Pons,** Jacob	*			
1796					83 deutsche Familien	Frankf. wird (zum 3.Mal) von den Franzosen besetzt
1797						
1798						

1799					
1800	**28.**	**Passet,** Jean George	Frankf. Str. 39	Gefecht zwischen Franzosen und deutschen Truppen an Frankfurter Haus und Forsthaus Gravenbr. N-I bleibt frei	Frankf. wird (zum 4. Mal) von den Franzosen besetzt
1801					
1802					
1803					Fürstentum schließt sich dem napoleonischen „Rheinbund" an.
1804					
1805	29.	**Delrieux,** Jean Jaques	Kronengasse 11		
1806				N-I bleibt frei und wird nicht besetzt da Mitglied im „Rheinbund", mit Napoleon verbündet. Einführung des „Code Napoleon"	Frankf. wird (zum 5. Mal) von den Franzosen besetzt. Auflösung des Heiligen Römischen Reiches Deutscher Nation.

Jahr	Nr.	Name	Adresse		Einwohner	Ereignisse
1807						
1808						
1809	30.	**Passet,** Jean George	Frankf. Str. 39			
1810						
1811						Frankfurt wird „freie Stadt“
1812						
1813						Niederlage Napoleons.

Jahr	Nr.	Name	Adresse		Einwohner	Ereignisse
1814						
1815	31.	**Pons,** Pierre	Hirtengasse 5, Frankfurter Str. 28		1053 Einwohner, Fürstentum unter österreichischer Verwaltung	Einrichtung „Deutscher Bund“. Frankfurt wird Sitz des Bundestags.

1816			**Mäder**, Pierre	N-I geht an Großherzogtum Hessen. Die „Privilegien“ gehen verloren. Errichtung des Schlagbaumes nach Frankfurt, Zollstation	1816 N-I (Fürstentum Isenburg) kommt in Teilen zu Großherzogtum Hessen
1817			(Marbach, Elsaß)		
1818			**Gaquoin**, Phillip Chrétien	Abschaffung des selbstständigen Ortsgerichtes, 104 dt. Familien	
1819	**Pons**, Pierre		(Zum 2. Mal Ffarrer da hier)		
1820				1340 Einwohner, Die Gärten in der „Karlstraße“ werden Stück für Stück verkauft und bebaut.	
1821					
1822					
1823					

1824		**Passet,** Jean George >Gastwirt< „Zum goldenen Ross“	Marktplatz 1 (Apfelwein-Föhl)			
1825						
1826						
1827						
1828		**Passet,** Jean George			Man findet keinen franz. Lehrer mehr und beide Schulen werden zusammengelegt.	
1829				Letzter Eintrag im Kirchenbuch in frz. Sprache.	1829 Ende der Amts- und Kirchensprache „Französisch“	
1830				**Eisenmenger,** Friedrich (Darmstadt, D.)	1690 Einwohner. Umbenennung der Straßennamen im Ort (vgl. heute)	
1831	32.	**Lack,** Philipp	*			
1832						
1833						Frankf. „Wachensturm“. Studenten wollen den

					Bundestag stürmen, scheitern.
1834				Gründung Gesangsverein Frohsinn	
1835	**Lack,** Philipp				
1836			Gestorben 1836	Hessen-Darmstadt. tritt dem Zollverein bei. Das Zollamt wird nun überflüssig	
1837			**Sartorius,** Friedrich Georg (Darmstadt. D.)		
1838					
1839	**Lack,** Philipp				Eisenbahn in Frankf.
1840					
1841					
1842					
1843	**Lack,** Philipp				

1844				**Uhrig,** Johann Jacob (Lampertheim, D.)	Niedergang der Strumpfwirker	Der „Weberaufstand“ in Schlesien als Zeichen wirtschaftl. schwerer Zeiten für Handwerk in Folge der ersten Industrialisierung
1845						
1846						Die Main-Neckar-Bahn geht in Betrieb
1847						
1848					Ein Neu-Isenburger Junge stirbt auf den Barrikaden in Frankfurt	Deutsche National-versammlung in der Paulskirche Frankf.
1849	33.	**Schäfer,** Philipp	Karlstraße 5		Der Ort ist in Aufruhr. Die Glocke des Rathauses zerspringt.	Barrikadenkämpfe in Frankfurt
1850				**Weyell,** Phillip (Sauerschwaben-heim am Rhein)	2168 Einwohner	
1851					Jede Konfession hat nun ihren eigenen Pfarrer	

Jahr	Nr.	Bürgermeister	Adresse	Heimatkunde	Ereignisse	
1852					Bahnhof an der Main-Neckar-Bahn	
1853		**Schäfer**, Philipp				
1854						
1855						
1856	34.	**Luft**, Lorenz	Marktplatz 2/ Luftgässchen			
1857	Der letzte Bürgermeister im Alten Ort				Die erste Dampfmaschine im Ort bei Fa. Pons & Passet	
1858						
1859					Gründung Bibliothek	
1860		**Luft**, Lorenz			Der letzte Webstuhl hört auf. Die ersten Frankfurter Würstchen durch G.A. Müller	
1861				Erste heimatkundliche Veröffentlichung	Ca. 2500 Einwohner Gründung Turnverein	
1862						

1863					
1864	**Luft**, Lorenz				
1865				2690 Einwohner, Einrichtung Poststelle	
1866					
1867					
1868	**Luft**, Lorenz			Gründung privater Reaslschule.	
1869					
1870				3114 Einwohner, Erschließung Industrie-gebiet Süd: „Neue Welt“	Krieg: Deutschland vs. Frankreich
1871			**Schneider**, Peter (Pfarrverwalter)	Ratsbeschluss: Abbruch des Hugenotten-rathauses. Gründung der ersten „Bürgerinitiative“	Das „Deutsche Reich“ wird gegründet. Beginn einer Ära wirtschaftlichen Aufschwungs.

					Deutschlands: Wider den Abbruch.	
1872		**Luft**, Lorenz				
1873				**Haunreiter**, Joseph		
1874						
1875	35.	**Lack**, Friedrich	Frankfurter Str. 132			
1876			Die Bürgermeister verlassen den „Alten Ort“		Abbruch des alten Hugenottenrathauses, Einweihung der kath. Kirche (St. Joseph). N-I Anzeigeblatt.	
1877		BM. **Lack** beendet Amtszeit vorzeitig			Fa. Luft macht nun Frankfurter Würstchen	
1878	36.	**Söhngen**, Georg 1878-1895	Frankfurter Str. 6		Errichtung der Germania.	
				gestorben 1878	Umbenennung des Platzes in „Germaniaplatz“	

Literatur:

Floch, Hans

Ein Rundgang durch Neu-Isenburg, Neu-Isenburg 1939

Greßmann, Robert Hrsg.

250 Jahre Neu-Isenburg, Neu-Isenburg 1949

Illert, Friedrich

Geschichte der französischen Colonie und Stadt Neu-Isenburg bei Frankfurt am Main, Neu-Isenburg 1899

Weyell, Phillip

Französische Kolonie Neu-Isenburg bei Frankfurt am Main, Neu-Isenburg 1861

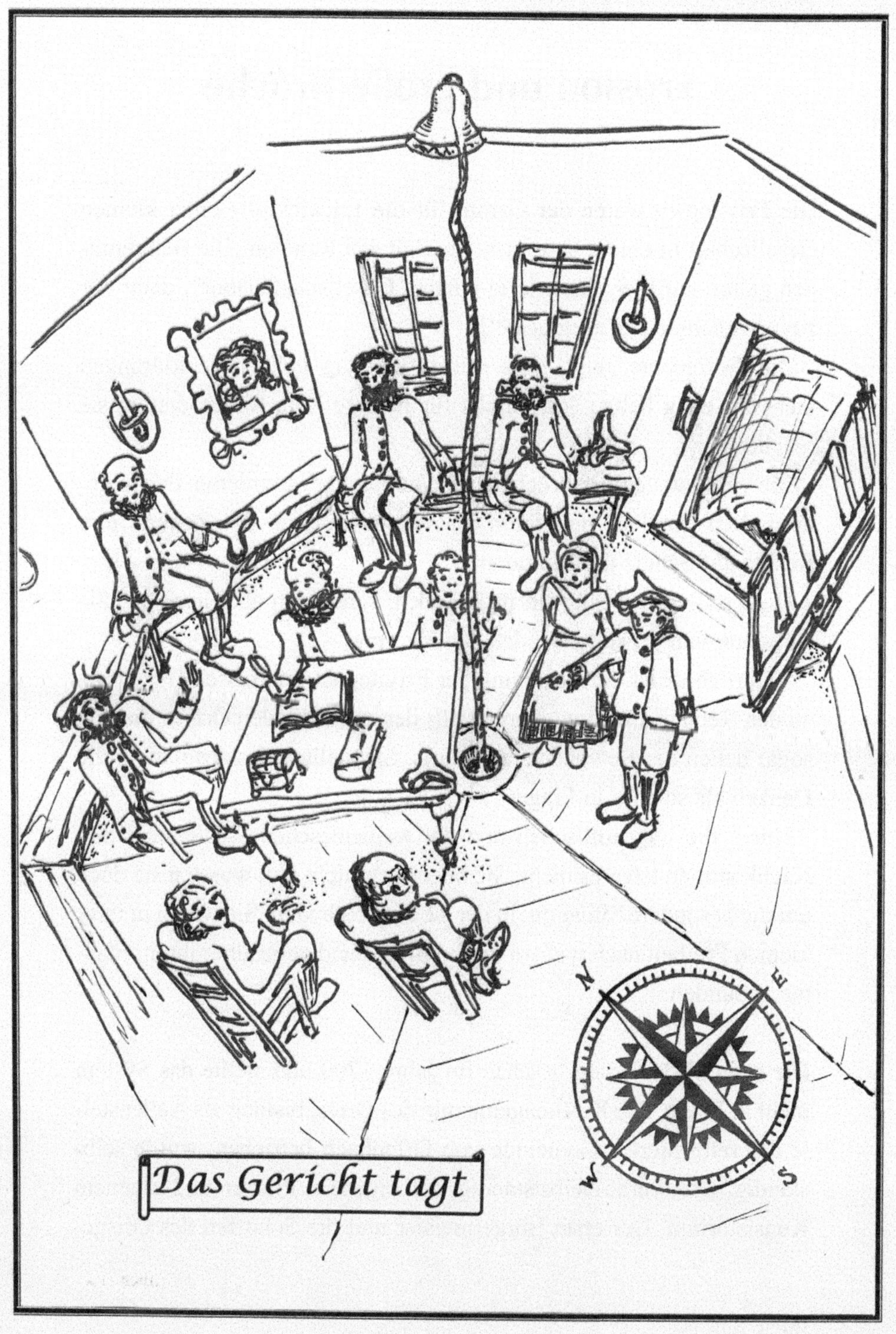

Das Gericht tagt

Erosion und große Brüche

Die Privilegien waren der Garant für die Entwicklung einer kleinen Gesellschaft in einem besonders geschützten Rahmen. Die Bedingungen galten nur hier, fast wie in einem „Gesellschaftslabor“, unter der zuvor benannten „Käseglocke“.

Die Geschichte zeigt, dass selbst für ewig geltende Erklärungen nicht für ewig halten – allenfalls für längere Zeit. Sie erodieren, sie brechen.

Die vom Fürsten versprochenen Bedingungen garantierten den hugenottischen Siedlern und ihren Nachkommen „für alle Zeiten“ ihre Rechte auf Schutz und Autonomie.

Die Privilegien schützten nach außen, schotteten aber auch ab. Sie isolierten von der umgebenden Bevölkerung.

Natürlich stand die Ausübung der Privilegien im krassen Gegensatz zu den Rechten der Bevölkerung aus den umliegenden Ortschaften, ja sogar denen der Bewohner Frankfurts. Sie stellten das absolutistische Denken als solches in Frage.

Nur – die hugenottischen und die waldensischen Siedler und ihre Nachkommen taten es nicht. Sie begehrten nicht auf, wussten sie doch um die besondere Situation, in der sie sich befanden. Sie waren in ihrer kleinen Freiheit nach wie vor an ihren Treueeid gegenüber ihrem Fürsten gebunden.

Die erste Veränderung geschah im Jahre 1700 und stellte das System nicht in Frage. Die Kirchengemeinde des Ortes, bislang als Außenstelle der reformierten Gemeinde von Offenbach betrieben, wurde selbständig. Sie wurde selbstständig mit eigenem Pfarrer und eigenem Konsistorium. Der erste Bürgermeister und die Schöffen des Ortsgerichtes wurden in der jungen Gemeinde nun frei gewählt. In den ersten Monaten war der „Bärenfänger" Gewährsmann und vor Ort lebendes Bindeglied zum Fürsten.

Die nächste Veränderung geschah 1702. Es zeigte sich, dass trotz aller Freiheiten viele Siedler abgewandert waren und die Gemeinschaft wohl nicht überlebensfähig sein würde. In diese Situation kam eine Gruppe von waldensischen Flüchtlingen neu in den Ort hinzu. Die Waldenser, eng verbunden mit der französisch-reformierten Kirche verstärkten die Gemeinde und sicherten dem Ort das Überleben. Nun erst konnte die Gemeinschaft stabil werden.

Im Jahre 1710 gab der Graf Johann Philipp von Ysenburg das Wahrzeichen seiner Macht, „seinen Turm" an die Gemeinde ab, und diese machte dieses Gebäude zu deren Rathaus, dem Hugenottenrathaus. Fortan galt dieses kleine Rathaus als Wahrzeichen für den kleinen Ort, aber sicherlich auch als Wahrzeichen für die besonderen Verhältnisse, die demokratischen Verhältnisse im Ort Neu-Isenburg.

Die Gemeinschaft, unterteilt in weltliches und in religiöses System, zeigte sich bald fest und stabil.

Stabilisierten sich bislang die Verhältnisse in der kleinen reformierten Gemeinde, so dauerte es nicht lange, dass es bald immer schwieriger wurde, die festgeschriebenen Privilegien aufrechtzuerhalten.

Dieses Konstrukt der Privilegien war auf Stabilität und Erhalt der hugenottischen Lebens- und Wertewelt ausgerichtet. Von Integration in die sie umgebende deutsche, absolutistisch geprägte Gesellschaft keine Spur.

Das System der Privilegien wurde dann auch bald mit den Erfordernissen der umgebenden Welt konfrontiert. Das System begann, nach der ersten Phase der Gründung und des Aufbaus, nach kurzer Zeit an den Erfordernissen zu erodieren. Es zeigten sich für den jungen Ort bald die ersten inneren und äußeren Spannungen und Probleme.

Äußere Probleme waren auch aus der geographischen und gesellschaftlichen Konstellation nicht anders zu erwarten.

Die Siedlung der Hugenotten wurde von den umgebenden Gemeinden und Herrschern als „Staat im Staat" wahrgenommen.

Das traditionell mittelalterliche Drei-Stände-Modell der Dreiheit von Adel, Klerus und dem niederen Volk wurde in der jungen Siedlung radikal ausgesetzt.

Den freiheitlich-demokratischen Ansatz der kirchlichen Selbstverwaltung verfolgten bereits die Hugenottengemeinden und besonders auch die Waldensergemeinden schon in Frankreich.

Das traditionelle Drei-Stände-Modell wurde durch die Ansiedlung der Hugenotten im Fürstentum bewusst unterlaufen.

Da das geltende „Solmser Landrecht" als modernes Wirtschaftsmodell untauglich ist, gibt nun erneut der Graf einen Teil seiner Souveränität ab und billigt die Einrichtung eines demokratisch zu wählenden zivilen Gerichts, wo primär Handelsstreitigkeiten verhandelt werden sollen – sogar letztinstanzlich. Eine Möglichkeit der Berufung gab es nicht.

Von diesem Modell war die sogenannte „Blutgerichtsbarkeit" (Es ist Blut geflossen) ausgeschlossen. Diese blieb in der Hand des Fürsten als oberstem Gerichtsherren im Land.

Zu der Ansiedlung der hugenottischen Flüchtlinge schreibt Petasch:„Dieser Eliten-Import sollte der Modernisierung, auch der deutschen Bevölkerung dienen, und keineswegs deren Unterdrückung und Ausbeutung."[23]

Neben dem hohen Maß an Selbständigkeit spielte für den Fürsten auch die Stellung der Hugenotten als wirtschaftlich erfolgreichste Bevölkerungsgruppe aus Frankreich eine erhebliche Rolle. Diese sprichwörtliche Tüchtigkeit und Disziplin war mit Sicherheit einer der tragenden Gründe, weshalb Johann Philipp sich darauf einließ, die hugenottischen Flüchtlinge mit den zuvor genannten Privilegien auszustatten.

Der Umbau des abgeschotteten Ortes in Richtung Integration fand erst unter dem Nachfolger des Grafen Johann Philipp, seinem Neffen Wilhelm Moritz, statt. Sehr zum Unwillen der hugenottischen und waldensischen Siedler lockerte er nach und nach die verbrieften Rechte der Siedler zugunsten von neu hinzugekommenen deutschen Siedlern.

(Nach vorliegenden Quellen änderte Wilhelm Moritz den Anfangsbuchstaben von „Y“ nach „I“ – von nun an: Isenburg)

Diese Erfordernisse des Rückbaus von Privilegien wurden definiert von den Zugeständnissen der jeweiligen Landesherren. Definiert wurden sie aber auch von den Ansprüchen des immer größer werdenden Anteiles an deutscher Bevölkerung im welschen Dorf, in dem frühen Neu-Isenburg. Die deutschen Einwohner forderten Teilhabe an den gleichen Privilegien, an den gleichen Rechten, wie sie die hugenottischen Siedler hatten. Sie forderten Schritt für Schritt erfolgreich ihre Integration in die französische Kolonie, aber auch die Integration in das deutsche Umfeld ein.

Anhand der vorliegenden Quellen ist es nicht in allen Details nachvollziehbar, wann welches Privileg abgeschwächt oder gar abgeschafft wurde. Da schreibt Petasch: „Die Hugenotten zeigten sich konfliktbewusst aber immer an friedlichen Lösungen interessiert, haben die bürgerliche Gesellschaft und ihre Verfahrensformen voll internalisiert.“[24] Bei aller Streitbarkeit um ihre Rechte und den Erhalt der Privilegien, hielten sie sich, soweit bekannt ist, stets an die vorgegebenen Regeln. Als rechtschaffene Christen fühlten die Hugenotten und ihre Nachfahren stets an den Treueeid gegenüber dem Hause Isenburg gebunden.

Der Prozess der schrittweisen Angleichung und Integration vollzog sich bis zum heutigen Tag über mittlerweile 325 Jahre und von den ursprünglich 14 starken Privilegien sind heutzutage nur noch 2 schwache Restprivilegien erkennbar.

Als erstes nenne ich das Recht, zwei Mal jährlich, im Frühjahr und im Herbst einen Markt abzuhalten. Dieses Recht wurde zwar nie abgeschafft, glich sich jedoch der Erscheinungsform von Jahrmärkten anderer Städte und Gemeinden an, so dass die Wurzel der Isenburger Kerb (Artikel 11 der Privilegien) nicht mehr erkennbar ist.

Das zweite noch existierende Privileg ist kirchlicher Natur und zeigt sich in dem noch heute umkämpften Recht, den Pfarrer durch die Gemeinde selbst wählen zu können, so wie es im Calvinismus üblich ist. Die reformierten Gemeinden sind in Deutschland in der „unierten Kirche“ (Vereinigung von lutherischen und reformierten Gemeinden) aufgegangen. Nur wenige Gemeinden bezeichnen sich selbst noch als reformierte Gemeinden und leben in dieser Tradition. In der Neu-Isenburger Marktplatzgemeinde jedoch ist die reformierte Tradition bis zum heutigen Tag klar erkennbar.

Verfolgt man die Geschichte des Ortes Neu-Isenburg , so sieht man, im gesamten 18. Jahrhundert wurden die exklusiven Rechte der französischsprachigen Bevölkerung Schritt für Schritt, peu à peu, zurückgebaut.

Es wurde ein Siedlungsrecht und Grunderwerbsrecht für Deutsche , für Lutheraner, später auch für Katholiken installiert. Sogar die Schule öffnete sich 1728 für Lutheraner und wurde 1781 unter dem Namen „Lutherschule“ als neu gebaute deutschsprachige Schule an der Chaussée (heute Frankfurter Straße) selbstständig.

Die darauf folgende Jahrhundertwende war politisch geprägt durch Napoleon Bonapartes Ausbau seines Reiches zur dominierenden politischen Macht in Europa.

Die Reichsstadt Frankfurt wurde mehrfach durch französische Truppen erobert und im Verlauf von zwei Jahrzehnten für etliche Jahre auch besetzt gehalten. In der ehrwürdige Stadt Frankfurt wurde sogar die sie umschließende mächtige Stadtmauer abgerissen.

Die Welt war in Bewegung. Im Jahre 1806 trat das Fürstentum derer von Isenburg dem „Rheinbund“, einer Vereinigung von Fürstentümern, die sich unter die Schutzherrschaft von Napoleon stellten, bei. Ab dem Jahr 1808 wurde dann das althergebrachte Rechtsystem durch den fortschrittlichen „Code Napoleon“ ersetzt.

Nun folgten Neu-Isenburg und auch die umgebenden Ortschaften dem gleichen Rechtssystem.

Da zu dieser Zeit Frankreich und die französische Sprache „hoch im Kurs“ standen, erfuhr die Neu-Isenburger Bevölkerung weitreichende Anerkennung. Die Isolierung des Ortes gegenüber dem Umfeld, im Zeitraum von 100 Jahren bislang kleinschrittig aufgeweicht, erfuhr nun eine deutliche Öffnung. Es fand jetzt allgemein eine klare Trennung von Kirche und weltlicher Macht statt. Die weltlichen Privilegien der hugenottischen Siedler konnten relativ leicht in den Code Napoléon übergehen, fußte der Code schließlich zu weiten Teilen auf hugenottischen Idealen. Die in die Kirche wirkenden Privilegien in der Gemeinde hingegen blieben erhalten.

Die Überschneidungen hugenottischer Denkweise und „Code Napoléon“ will ich hier erläutern:

Griff der Code Napoléon Werte der französischen Hugenotten auf?

(An dieser Stelle haben wir die künstliche Intelligenz zu Rate gezogen.) Auf diese Frage antwortet ChatGPT 4.0:

„... Obwohl der Code nicht explizit auf die Werte der Hugenotten zugeschnitten war, gibt es mehrere Punkte, an denen Überschneidungen bestehen:

1. **Religiöse Toleranz und Freiheit**: Obwohl der Code Napoléon selbst nicht direkt religiöse Freiheit thematisierte, war die Ära der Französischen Revolution, in der der Code entwickelt wurde, stark von den Ideen der Aufklärung geprägt, die religiöse Toleranz und die Trennung von Kirche und Staat betonten. Diese Prinzipien waren auch für die Hugenotten von großer Bedeutung, da sie lange Zeit wegen ihres Glaubens verfolgt wurden.

2. **Rechtsgleichheit und Gerechtigkeit**: Die Hugenotten schätzten die Prinzipien der Rechtsgleichheit und Gerechtigkeit, die im Code Napoléon fest verankert sind. Der Code stellte sicher, dass alle Bürger vor dem Gesetz gleich sind, unabhängig von ihrem sozialen Status oder ihrer Religion. Dies hätte den Hugenotten zugutekommen können, die in Frankreich unter der religiösen Diskriminierung gelitten hatten.
3. **Förderung des Bürgertums und des Privateigentums**: Der Code Napoléon legte großen Wert auf den Schutz des Privateigentums und förderte die Rechte des Bürgertums. Diese Prinzipien stimmten mit den wirtschaftlichen Interessen vieler Hugenotten überein, die oft als Händler, Handwerker und Unternehmer tätig waren und daher ein starkes Interesse am Schutz von Eigentum und geschäftlichen Freiheiten hatten.
4. **Familiäre und gesellschaftliche Ordnung**: Der Code regelte viele Aspekte des Familienrechts, einschließlich Ehe, Scheidung und Erbrecht, und legte Wert auf eine geregelte gesellschaftliche Ordnung. Diese Regelungen konnten auch die stabilen und oft eng miteinander verbundenen Gemeinschaften der Hugenotten unterstützen.

Obwohl der Code Napoléon also nicht direkt die Werte der Hugenotten zum Ziel hatte, gibt es doch erhebliche Überschneidungen in Bezug auf die Prinzipien der Gleichheit, Gerechtigkeit, und der Bedeutung des Privateigentums, die auch für die hugenottische Gemeinschaft von Bedeutung waren."

Neben oben genannter weiter Überschneidungen mit hugenottischem Denken werden im Code Napoléon bereits Grundsteine, wie sie in einer modernen Verfassung üblich sind, gelegt.

„Der Code Napoléon, auch bekannt als 'Code Civil', wird oft als Vorläufer moderner Verfassungen betrachtet, weil er mehrere grundlegende Prinzipien und Ideen enthält, die später in vielen modernen Verfassungen und Rechtsordnungen übernommen wurden.

Hier sind einige zentrale Aspekte:

1. **Gleichheit vor dem Gesetz**: Der Code Napoléon etablierte das Prinzip der Gleichheit aller Bürger vor dem Gesetz, unabhängig von ihrem sozialen Status. Dieses Konzept ist ein Grundpfeiler moderner Rechtsstaaten.
2. **Rechtsstaatlichkeit**: Der Code förderte die Idee der Rechtsstaatlichkeit, indem er festlegte, dass die Gesetze klar, öffentlich und für alle verbindlich sein müssen. Dies bedeutet, dass Willkür und ungerechte Machtausübung durch die Behörden eingeschränkt werden.
3. **Kodifizierung des Rechts**: Vor dem Code Napoléon war das Recht in vielen Regionen Europas fragmentiert und oft in Gewohnheitsrecht und lokalen Traditionen verwurzelt. Der Code vereinheitlichte und kodifizierte das Recht, was die Rechtsdurchsetzung vereinfachte und vorhersagbarer machte. Diese Praxis der Rechtskodifizierung hat viele Länder beeinflusst.
4. **Bürgerliche Rechte und Freiheiten**: Der Code garantierte grundlegende bürgerliche Rechte, wie das Recht auf Eigentum und den Schutz der Person. Diese Prinzipien wurden später in vielen modernen Verfassungen als fundamentale Menschenrechte übernommen.
5. **Trennung von Kirche und Staat**: Obwohl der Code nicht direkt die Trennung von Kirche und Staat festlegte, förderte er eine Säkularisierung des Rechts, indem er das kirchliche Recht in Zivilangelegenheiten zurückdrängte und einheitliches, staatlich kontrolliertes Recht einführte.
6. **Verfahrensrecht und gerichtliche Verfahren**: Der Code betonte die Bedeutung klarer Verfahrensrechte und eines fairen Verfahrens, was die Grundlage für moderne rechtsstaatliche Prinzipien des fairen Prozesses und des rechtlichen Gehörs legte.

7. **Einfluss auf andere Rechtssysteme**: Der Code Napoléon diente als Modell für viele andere Länder, die ähnliche Gesetzbücher einführten oder ihre bestehenden Rechtssysteme reformierten. Dieser Einfluss trug dazu bei, dass die in ihm enthaltenen Prinzipien weltweit Verbreitung fanden und in vielen modernen Verfassungen verankert wurden.

Zusammengefasst kann gesagt werden, dass der Code Napoléon nicht nur ein bedeutendes juristisches Dokument seiner Zeit war, sondern auch viele fundamentale Ideen und Prinzipien eingeführt hat, die in den Grundgedanken moderner Verfassungen fortleben."

Allein, diese Zeit der Reformation und der Akzeptanz Neu-Isenburgs dauerte nicht lange.

Nach nur fünf Jahren nach Einführung des Codes war Napoleons Herrschaft zu Ende.

Infolge der von Napoleon verlorenen Schlacht von Waterloo 1813 brach das napoleonische System in sich zusammen und die Mitglieder des Rheinbundes wurden von den Siegermächten für ihre Loyalität gegenüber Napoleon bestraft.

Nun wurde auch das Fürstentum Isenburg von den Siegermächten zerschlagen und der Ort Neu-Isenburg, zusammen mit der Dreieich, zunächst unter österreichische Verwaltung (1815) gestellt und dann im Jahre 1816 dem Großherzogtum Hessen-Darmstadt zugeteilt.

Hier aber herrschte nun wieder ein ganz anderer Wind – der des althergebrachten Absolutismus, die Herrschaft des Adels.

Alle freiheitlichen, eigenverantwortlichen Gedanken, in Neu-Isenburg über vier bis fünf Generationen (mehr als hundert Jahre) praktiziert, wurden weggewischt. Der Bürgermeister war nun nicht mehr der "maire" sondern „Schultheiß" und durch die Bevölkerung gewählt wie zuvor wurde der sicherlich auch nicht mehr.

Im Jahre 1818 wurde schließlich auch das weitgehend autonome Ortsgericht von der Regierung abgeschafft.

Der nächste Bruch mit den althergebrachten Traditionen und Privilegien kam dann 1829. Die Kirchensprache wechselte nun offiziell vom Französischen ins Deutsche. Jetzt hatten die stolzen Nachfahren der Siedler auch noch ihre Sprache verloren.

Den Isenburger Bürgern fiel es jedoch nicht leicht, sich der absolutistischen Ordnung widerspruchslos anzupassen.

Die Demokratiebewegung des „Vormärz" wurde aufmerksam verfolgt, und in den 1830er Jahren wurden etliche Vereine gegründet. Unter dem Deckmantel von Sport und Gesang oder Diakonie (Sanitätsverein) wurden in dem kleinen Ort etliche Möglichkeiten für Zusammenkünfte geschaffen. Wer kennt nicht den Titel „Neu-Isenburg, Stadt der 1000 Sänger?"

Es wundert nicht, dass sich die Neu-Isenburger Bürger 1848 besonders an der Frankfurter Nationalversammlung in der Paulskirche interessiert zeigten und sich vermutlich etliche von ihnen dann nach dem Scheitern der Demokratiebestrebungen an den Barrikadenkämpfen in den Straßen Frankfurts beteiligten.

Im Zuge der Ereignisse 1848 zersprang dann die Rathausglocke auf dem Marktplatz. Man hatte sie wohl zu wild geläutet, um die Bevölkerung zusammenzurufen. Im gleichen Jahr wurde im Hugenottenrathaus eine Wachstube eingerichtet. Die Glocke wurde nie mehr ersetzt.

Es war sicherlich besser, wenn der Nachtwächter oder der Vertreter der Obrigkeit den zentralen Platz besetzte und die Bevölkerung nicht mehr die Möglichkeit hatte, selbst die Bürger auf dem Platz zusammen zu rufen.

Nein, die Isenburger Bürger waren sicherlich nicht bequem.

Ein Ereignis, das erneut für Spannungen innerhalb der Gemeinde sorgte, war der deutsch-französische Krieg 1871. Der Krieg wurde gewonnen und Deutschland als Kaiserreich vereinigt, als das „Deutsche

Reich“. Deutschland wurde nun Nation und war nicht mehr ein mehr oder weniger festes Bündnis von verschiedenen Fürstenhäusern. Man war jetzt eine Nation, die danach strebte, sich einen möglichst starken Platz in Europa zu verschaffen.

Sprach man nun von Frankreich, so meinte man nicht mehr die gelobte französische Kultur, sondern den „Erbfeind“ Frankreich.

Diese Zeit eines erstarkenden Nationalismus hatte zur Folge, dass man sich in Neu-Isenburg des hugenottischen Erbes dringend entledigen musste. Das Sinnbild der Siedler, das „Franzosenrathaus“ musste fallen und dem Sinnbild des Deutschtums, der Germania auf dem Marktplatz, weichen.

In den folgenden Jahren werden die politischen – aber auch die mentalen Unterschiede zu den umgebenden Orten immer geringer.

Die deutsche Bevölkerung, endlich in der absoluten Mehrheit, hatte lange gekämpft, um die Priilegien der Hugenotten abzuschütteln und gefiel sich sehr in dem erstarkenden deutschen Patriotismus.

Sogar die Zeit des Nationalsozialismus fand in Neu-Isenburg als Ausdruck des Deutschtums eine besonders starke Ausprägung.

Voila – gewählt is
Vote

Auswirkungen des Calvinismus auf das demokratische Denken im Neu-Isenburg von heute

Diese Gemeinde Neu-Isenburg, das „welsche Dorf“, lag eingebettet in einer deutschen Welt, in einer Welt geprägt vom Herrschaftssystem des Absolutismus. Das Volk in diesen absolutistischen Strukturen war unfrei. Heute hingegen sind uns Demokratie und demokratisches Denken selbstverständlich. Demokratie ist schließlich unsere derzeitige Staatsform.

Ja, dieses demokratische Denken zeigt sich sogar so selbstbewusst, dass man hier, wie überall, ganz demokratisch, sogar Gegner der Demokratie wählen kann. Ganz normal.

In historischer Zeit jedoch war das ganz anders. Der Ort Neu-Isenburg wurde als „Insel“ wahrgenommen – gelegentlich ignoriert, immer misstrauisch beäugt, oft verhasst. Es drehte sich nicht um eine Insel in einer Wüste oder einem Gewässer. Es war eine gesellschaftliche Insellage. Was waren die Gründe für diese Insellage? Natürlich spielte diese andere Sprache eine große Rolle, eine noch größere Rolle spielte jedoch der religiöse Glaube, seine Ausübung und die andere Lebensweise.

Zementiert wurde diese Andersartigkeit durch die besonderen Privilegien, die der Fürst den Flüchtlingen zugestanden hatte. Ja, der Fürst hatte sogar eigene herrschaftliche Rechte aufgegeben.

Jeder Bürger, jeder Haushaltsvorstand konnte direkt wählen – aber auch gewählt werden – ganz im Sinne des athenischen Demokratieverständnisses. Da wurden aber nicht nur der Bürgermeister (in den ersten 39 Jahren-jährlich), der Gemeinderat und die Schöffen, sondern auf kirchlicher Seite auch der Pfarrer, die Gemeindeältesten und der Lehrer gewählt. Die Bewohner Neu-Isenburgs befanden sich die ersten

Jahrzehnte in einem permanenten Zustand von Wahlen und Wahlkämpfen.

Demokratische Verhältnisse sind in sich keine harmonischen Verhältnisse. Hier wird argumentiert, gestritten und um Mehrheiten für Entscheidungen gekämpft.

Die Bürger hatten die Freiheit des Wählens. Wer aber nun glaubt, diese Freiheit hätte etwas mit Gesetzlosigkeit zu tun, der irrt.

Isenburger Bürger waren zwar einem selbst gewählten, aber doppelten und strengen Recht unterworfen – dem bürgerlichen und dem kirchlichen Recht. Die Aufgaben in der kirchlichen aber auch in der weltlichen Gemeinde waren breit und auf viele Schultern verteilt. Es fand eine sehr differenzierte Aufgaben-Verteilung statt.

Diese beiden Rechtssysteme griffen bis tief ins Privatleben ein. Es wurde ein erhebliches Maß an Disziplin und Selbstdisziplin gefordert. In den Anfangsjahren war diese Disziplin auch als religiöses Gebot für das Überleben der jungen Gemeinde immens wichtig und wurde nicht angefochten.

Man kann sich vorstellen, dass der Vorstand eines jeden Haushaltes sich an der Verteilung der vielen Posten und Aufgaben beteiligte. Alle Familien waren an dem Voranbringen, der Entwicklung des Ortes Neu-Isenburg eingebunden – oder hatten zumindest die Möglichkeit dazu.

Die Bewohner des Umlandes hingegen durften nicht wählen und waren von der Gemeinschaft für kein Amt wählbar. Man hatte nicht das Recht auf Selbstbestimmung. Den Weisungen des Fürstenhauses und des Klerus hatte man Folge zu leisten. Die Spaltung zwischen der neuen Gemeinde und dem Umland hätte größer nicht sein können.

Es hätte in Punkto Fremdsein keinen Unterschied mehr gemacht, wenn man die Hugenotten rot, blau, grün oder gelb angemalt hätte. Die Bewohner dieses neuen Dorfes waren eben die Fremden, die Andersartigen.

Bezeichneten sich die Hugenotten und auch die Waldenser anfangs selbst als die, die aus dem Welschland[25] kommen, so wurde dieser Begriff „welsch“ schnell zum Synonym für Fremdsein.

Nach dem Tod des Fürsten Johann Philipp von Ysenburg (1716) wurden dessen Ideen von den Nachfolgern nicht mehr sehr wichtig genommen. Seine Nachfolger dürften dieses selbstbewusste Völkchen eher als lästig, als unbequem empfunden haben.

Welche der verbrieften Privilegien in welcher Stückelung im 18. Jahrhundert verloren gingen, ist nicht lückenlos überliefert. Diese Rechte wurden jedoch von den französischen Siedlern und ihren Nachfahren hartnäckig verteidigt. Man wusste um den Wert der Selbstbestimmung.

Als Gründe für den Abbau der verbrieften Rechte in der Siedlung kann für die ersten Generationen der Machtwechsel im Fürstenhaus und der stete Zuzug von deutschen Siedlern angeführt werden.

Französische oder waldensische Refugies kamen immer weniger, bis deren Zuwanderung völlig versiegte. Mit dem Edikt von Versailles (1787) unter Ludwig XVI. wurde schließlich das sogenannte „Toleranzedikt“ erlassen, das den Hugenotten und anderen Protestanten bürgerliche Rechte zurückgab und die Grundlage für eine größere religiöse Toleranz legte. Nun gab es für Franzosen auch keinen Grund mehr, in die noch immer rückständigen deutschen Länder zu emigrieren.

Dafür bewarben sich mehr und mehr deutsche Siedler um einen der immer wieder frei werdenden Hausplätze im Welschen Dorf – im Dorf der Fremden. Die deutschen Siedler wussten genau, auf welche Gesellschaftsform und welche Rahmenbedingungen sie sich in diesem Dörfchen einließen.

Anfangs mussten die hinzukommenden Deutschen noch den reformierten Glauben annehmen und die französische Sprache erlernen. Bald jedoch wurde der Ruf danach laut, selbst Land erwerben zu dürfen, der Ruf nach Gottesdiensten in deutscher Sprache, nach deutschsprachigem Unterricht an der Schule. Ja, es bewarben sich sogar Lutheraner und später sogar einige der verhassten Papisten (Katholiken) im Ort.

Nach dem Tode des Fürsten Johann Philipp (1716) setzte Schritt für Schritt ein Prozess der Integration dieser gesellschaftlichen „Insel“ in das Umfeld ein. Die Bedeutung der strengen reformierten Glaubensauffassung lockerte sich zusehends. Die Zeichen der isolierten Selbstbestimmung nach dem Muster, wie man in Frankreich gelebt hatte, wandelten sich allmählich in Richtung Integration der Deutschen Bewohner.

Dieser Akt der Integration ging keineswegs immer leise und friedlich vonstatten. Die Deutschen neideten den „eingebildeten“ Franzosen ihre Privilegien, und die Franzosen suchten die Ansprüche der unwilligen „Hinzukömmlinge“ mit den schlechten Sprachkenntnissen und dem geringen Bildungsstand zu bändigen. In dieser sich ständig und stark verändernden Gemeinde wurde viel gestritten und diskutiert. Man hatte sich schließlich in einer sich permanent stark verändernden Welt den jeweiligen Erfordernissen anzupassen.

Trotz aller Querelen genossen zu dieser Zeit Franzosen allgemein, besonders auch die Hugenotten, ein hohes Maß an gesellschaftlicher Anerkennung. War doch Frankreich das dominierende und am höchsten entwickelte Land Mitteleuropas, war ihre Sprache die Sprache des Adels, der herrschenden Klasse.

Gegen Ende des 18. Jahrhunderts und im Übergang zum 19. wurde dann Frankfurt mehrfach von französischen Truppen erobert, besetzt, verlassen und erneut erobert und besetzt. Unter der französischen Besetzung Frankfurts, die teils mehrere Jahre dauerte, blieb Neu-Isenburg relativ ungeschoren.

Wie in Kapitel 7 erwähnt, schloss sich das Haus Isenburg-Büdingen dem Rheinbund, dem Bund mit Napoleon Bonaparte an. Dieser Anschluss hatte zur Folge, dass auch in den Ländereien des Hauses Isenburg der „Code Napoleon“, auch als „Code Civil“ bekannt, eingeführt wurde.

Napoleons Reich brach bekanntlich nach der Schlacht von Waterloo zusammen. Der Rheinbund wurde aufgelöst, die beteiligten Fürstenhäuser bestraft. Für Neu-Isenburg hatte das zur Folge, dass der weltliche Teil des demokratischen Grundgerüstes des Ortes von dem absolutistischen Großherzogtum Hessen-Darmstadt vereinnahmt wurde.

Der Gedanke der Selbstbestimmung war nun unterdrückt – aber nicht tot. Die deutsche Nationalversammlung in den Jahren 1848–49 gab noch einmal die Hoffnung auf Selbstbestimmung, aber – diese Bewegung konnte sich damals bekanntlich nicht durchsetzen.

Nach dem gewonnenen Krieg gegen Frankreich und der Gründung des Deutschen Reiches im Jahre 1871 ging dann auch das Kurfürstentum Hessen-Darmstadt im Deutschen Reich auf. Das alte Hugenottenrathaus musste einem anderen Symbol weichen, dem Symbol für das Deutsche Reich.

Nach dem sehr symbolträchtigen Abbruch des Hugenottenrathauses gründete sich die sicherlich erste Bürgerinitiative des Deutschen Reiches – der Nation Deutschlands.

Die Initiative von Neu-Isenburger Bürgern, angeführt von dem ehemaligen Bürgermeister Phillip Schäfer, suchte den Abriss ihres Wahrzeichens zu verhindern und schaffte es tatsächlich, diesen Abriss von 1871 bis 1876 aufzuhalten. Schließlich nahm dann 1877 das aktuelle Sinnbild den Ort auf der Mitte des Platzes ein – die Germania.

Die darauf folgende Geschichtsschreibung nennt im Jahre 1897 noch ein weiteres Aufbegehren, den Streik der Wäscherinnen, ein bedeutender Markstein der deutschen Arbeiter- und Frauenbewegung.

Die Neu-Isenburger Bürger, stets in einer besonderen Position, mal bewundert, mal geächtet, hatten es damals bereits über viele Generationen hinweg gelernt, sich und ihre Interessen selbstbewusst zu vertreten.

Was nun? Die politische Insellage Neu-Isenburgs ist verschwunden. Um die symbolträchtige Gestaltung des Marktplatzes wird seit dem Abbruch immer wieder gestritten. Mal soll das Hugenottenrathaus neu aufgebaut werden, mal soll eine andere symbolhafte Gestaltung des Marktplatzes vorgenommen werden. Immer dreht es sich um die Betonung der geschichtlichen Werte und immer um den Erhalt eines Ortes der Kommunikation.

Der heutige Isenburger Bürger wird im Umland oft noch immer als selbstbewusst, fortschrittlich und auch streitbar bezeichnet.

Neu-Isenburg ist einem stärkeren Wechsel unterworfen als alle Städte und Gemeinden in der Region. Das ist teilweise ein Zeichen der Zeit, teils ein Merkmal der Region, der Nähe zur Metropole Frankfurt und zum Rhein-Main-Airport, aber auch Folge einer selbst auferlegten Fremdenfreundlichkeit als „Isenburger Erbe“.

Die Fremdenfreundlichkeit findet ihren Ausdruck in der „Neu-Isenburger Erklärung“ der Stadtverordnetenversammlung vom 18.06.2020.

„So liegt es nahe, dass Neu-Isenburg sich bis heute dieser Tradition verpflichtet weiß und dafür einsteht, Menschen, die aus verschiedensten Gründen nach Neu-Isenburg gekommen sind, ein neues Zuhause zu geben. …, so war es konsequent, dass Neu-Isenburg eine der ersten Städte war, die ein Dezernat für Integration ins Leben rief, und seit rund 30 Jahren gibt es einen besonderen Feiertag, an dem sich die Menschen, Deutsche und ‚Migranten … treffen, um gemeinsam zu feiern und miteinander zu reden, den „Tag der Nationen“.[26]

Diese Erklärung ist ein symbolischer Akt und ein klares Bekenntnis der Stadt Neu-Isenburg zu den Werten der Demokratie, Toleranz und Menschenwürde.

Durch den starken Wechsel, der Fluktuation an Bewohnern und vielen Zuzügen sowie der Eliminierung der historischen Marksteine ist jedoch auch ein Gutteil des historischen Erbes, des Wissens und der Identifikation mit diesem besonderen, diesem sozialgeschichtlich bedeutsamen Ort verloren gegangen.

Das demokratische Bewusstsein ist, verstanden als Pioniergeist der ersten Siedler, längst verschwunden, ja man liegt, wenn man die Ergebnisse von Wahlbeteiligungen der letzten Jahre betrachtet, hessenweit auf einem der letzten Plätze.

Sind die Menschen der lokalen Politik oder gar des Wählens überdrüssig geworden? Es scheint so.

Jedoch sind Veränderungen selten auf nur eine einzige Ursache zurückzuführen. Es ist immer ein Bündel von Ursachen, das zu einem bestimmten gesellschaftlichen Erscheinungsbild führt.

In den Kapiteln dieses Buches widmeten wir uns der Frage, vordemokratische Strukturen und Elemente in dem „welschen Dorf", dem Dorf der Fremden zu erkennen und zuzuordnen. Hierbei benannten wir die Merkmale, die eine Demokratie ausmachen – selbst wenn die Begriffe „Demokratie" oder „demokratisch" nicht, oder besser noch nicht gebraucht werden.

Dann begleiteten wir, entlang der Ereignisse, den Prozess der wechselseitigen Integration im Dialog mit dem Umfeld.

Schlussendlich erfassten wir die Auswirkungen der politischen Ereignisse im 18. und 19. Jahrhundert.

Es ist hier in 325 Jahren viel passiert, weit mehr als in anderen Gemeinden in Tausenden von Jahren passieren mag.

Es gab Existenzkonflikte, Glaubenskonflikte, Sprachkonflikte, Bildungskonflikte, Integrationskonflikte – eigentlich Konflikte jeder Art und schließlich auch Themen, die, von der Nation hereingetragen, die Gespräche in der kleinen Stadt bestimmten.

Heute geriert sich diese kleine Stadt Neu-Isenburg als urbane und weltoffene Stadt. Man zeigt sich gegenüber Flüchtlingen und Migranten besonders offen (siehe oben). Schließlich war man selbst einst eine Flüchtlingssiedlung.

Politisch ist man fest in das demokratische System der Bundesrepublik Deutschland eingebunden. Keine Spur der Andersartigkeit. Die gefühlte „Käseglocke" der gesellschaftlichen „Laborsiedlung" ist lange verschwunden und vergessen.

Ist denn auch der tief verinnerlichte und viel beschworene Drang zur Selbstbestimmung verschwunden? Nein, dieser Drang ist noch immer spürbar. Hierfür wollen wie ein aktuelles Beispiel einfügen:

Die seit 1876 bis zum heutigen Tag immer wieder aufflackernden Bestrebungen, den Marktplatz in seinem früheren Sinne, vielleicht durch den Wiederaufbau des Hugenottenrathauses, zu gestalten, lassen eine besondere Hartnäckigkeit der Bürger, aber auch die gesellschaftliche Wichtigkeit dieses Platzes vermuten.

Das alte Hugenottenrathaus, das 1876 als Symbol der verhassten Franzosen zunächst dem Verfall preisgegeben und dann völlig abgerissen wurde, hatte aber weit mehr Symbolkraft, als nur als das Franzosenrathaus ein Symbol für Rückständigkeit zu sein.

Mit den Augen von heute betrachtet, wurde hier an diesem Ort, unter der besagten Käseglocke, Demokratie in einer frühen aber auch sehr reinen und bürgernahen Form praktiziert. Hier wurde gewählt, hier wurden Sitzungen abgehalten, und es wurde von durch das Volk gewählten Schöffen Recht gesprochen. Das geschah nicht nur einige Jahre lang, sondern in dem Zeitraum von der Ortsgründung bis zur Übernahme des Ortes durch das Großherzogtum Hessen-Darmstadt im Jahre 1816 – genau 100 Jahre nach dem Tod von Graf Johann Philipp von Ysenburg.

An diesem Ort haben gut und gerne fünf Generationen volle demokratische Strukturen gelebt, sind darin geboren, sind darin aufgewachsen, haben Verantwortung getragen und diese Verantwortung an die nächste Generation weitergegeben, während in der näheren Umgebung noch das System des Absolutismus, das System unfreier Leibeigenschaft und der Herrschaft des Adels herrschte.

Wir nennen diese 100 Jahre isoliert demokratischen Lebens und Integration das „Isenburger Modell".

Schon bald nach seiner Errichtung entwickelte der „Turm des Fürsten" eine enorme Strahlkraft weit über die Grenzen des Ortes hinaus. Er zog Menschen an, die sich ein persönliches Fortkommen, die sich Selbstbestimmung, Asyl oder aber auch wirtschaftlichen Erfolg versprachen. Etliche andere Hugenottengemeinden hatten diese Strahlkraft nicht. Sie entwickelten sich nicht, zogen keine Menschen an. Oft verkümmerten sie in ihrem eigenen kleinen Gen-Pool.

Heute ist die Lokalpolitik noch immer in dem Gedanken verhaftet, dieses Rathaus sei ein Symbol der Rückständigkeit oder gar des sozialen Ungehorsams einiger Unverbesserlicher. Dass dieses Haus aber auch ein Symbol der Weltoffenheit, des europäischen Gedankens und ein sehr starkes Symbol der Demokratie ist, wird leider weder erkannt noch respektiert.

Eine planierte Fläche schafft Tatsachen. Eine solch planierte Fläche löscht auf Dauer selbst hartnäckige Erinnerungen. Entweder man hat andere Prioritäten oder weiß nicht um die Bedeutung dieses Ortes, der weit mehr ist, als der Platz eines nutzlosen Hauses.

Wie stark die Bedeutung der alten „Neu-Isenburger Demokratie" im Vergleich zu anderen Hugenottensiedlungen zu bewerten ist, wird die vergleichende Geschichtsforschung zeigen. Alle Indizien lassen jedoch vermuten, dass an diesem Ort zu einem wesentlichen Teil Demokratiegeschichte gelebt wurde. Die Erfahrungen der Geschichte des „Isenburger Modells" flossen mit Sicherheit in die Ausarbeitung weiterführender Entwürfe ein. Was aber ist heute mit der Kraft der Selbstbestimmung geschehen?

Sichtbar ist, dass man sich von den dauer-wahlkämpfenden Hugenotten, bei denen sich jeder Einzelne in das Gemeinwohl einbrachte, zu einer Gemeinde mit aktuell geringem politischem Interesse entwickelte.

Die geringste Wahlbeteiligung im Landkreis Offenbach und eine der geringsten Wahlbeteiligungen bei aktuellen Wahlen in ganz Hessen sind alarmierend und lassen vermuten, dass sich viele Bürger nicht mehr mit ihrer Stadt oder dem politischen Geschehen in diesem Ort identifizieren.

An dieser Stelle ziehen wir das Fazit, dass von dem demokratischen Gestaltungswillen der Gründerväter und -mütter bis zum heutigen Tag allenfalls noch eine homöopathisch zu nennende Verdünnung übrig ist.

Hat das demokratische Denken der frühen Siedler Auswirkungen auf das Umfeld und die Politik gebracht?

Wie hoch die Bedeutung der alten „Neu-Isenburger Demokratie“ für die demokratische Bewegung in Deutschland zu bewerten ist, soll, wie oben bereits erwähnt, künftig die vergleichende Geschichtsforschung zeigen. Alle weisen jedoch darauf hin, dass an diesem Ort zu einem wesentlichen Teil Demokratiegeschichte gelebt wurde.

Es wird sich zeigen, ob die Neu-Isenburger Demokratie eine Randnotiz der Politikgeschichte bleibt oder sich zu einem kleinen Zentrum deutscher Demokratieentwicklung mausern wird.

Dieses kleine „gallische Dorf“ wurde immer von Mächten, die größer waren als es selber, hin und her geschüttelt bis es sich schließlich mehr und mehr in sein Umfeld einfügte.

Die Erfahrungen der Geschichte des Isenburger Modells flossen mit Sicherheit in die Ausarbeitung weiterführender Entwürfe ein. Vielleicht haben jedoch einige Ideen und Grundhaltungen ihren Weg in das Umfeld oder gar in die Politik gefunden? Der demokratische Gedanke des Calvinismus war schließlich ideologischer Wegbereiter der westlichen Demokratien – nicht nur hierzulande.

Vielleicht findet man diesen Drang zur Selbstbestimmung oder auch den Drang, Diakonie in Neu-Isenburg zu betreiben, auch in anderen Bereichen. Man kann diesen Drang beispielsweise in Gestalt von politischen oder pädagogischen Initiativen oder in Gestalt eines besonders reichhaltigen Vereinswesens finden. Ja, wenn wir nicht mehr explizit nach den calvinistischen Spuren forschen, sondern nach einer zentralen Eigenschaft des Calvinismus, der „Selbstbestimmung“, so sind doch noch einige Spuren weit über die Existenz des Isenburger Demokratiemodells erhalten geblieben.

Das wäre eigentlich ein gutes Schlusswort und ein brauchbares Fazit. Aber halt … es gibt noch einen einzigen Ort in Neu-Isenburg, an dem die demokratischen Strukturen des Calvinistischen Modells durchaus noch heute praktiziert werden.

Dieser Ort ist die evangelisch-reformierte Gemeinde am Marktplatz. Natürlich hat diese Kirchengemeinde in der gesellschaftlichen Realität, wie Kirche überhaupt, an Bedeutung verloren. Von dem maßgeblichen Fluchtgrund der hugenottischen Refugies und dem Grund ihrer Ansiedlung an diesem Ort ist der reformierte Glaube zu einer gesellschaftlichen Randnotiz verkommen. Aber genau wie die hugenottischen Siedler stemmt sich diese kleine Gemeinde noch heute gegen die völlige Übernahme durch die „unierte“, von Lutheranern dominierte protestantische Kirche. Wie lange sie noch standhalten und ihre Identität gegenüber der übermächtigen lutherischen Kirche erhalten kann, steht in den Sternen.

Wie lange die christliche Kirche und deren Werte überhaupt noch gesellschaftliche Relevanz besitzen, zählt aber ebenfalls zu den offenen Fragen unserer Gesellschaft. Hier geriert sich die reformierte Kirche jedoch erstaunlich weltoffen und modern.

Der deutsche Nationalismus

Anmerkungen

1 Quelle: https://de.wikipedia.org 06.03.23

2 Wikipedia
https://de.wikipedia.org › wiki › Demokratie

3 Lincoln griff dabei auf eine Formulierung Thomas Paines zurück. Hans Vorländer: Demokratie. Geschichte, Form, Theorien. 4. Aufl., C. H. Beck, München 2020, ISBN 978-3-7425-0519-4, S. 9.

4 Festvortrag von Bundesaußenminister Frank-Walter Steinmeier mit dem Titel „Calvinismus und Europa“, gehalten zu der Veranstaltung 500 Jahre Calvin – Festakt der Evangelischen Kirche in Deutschland und des Reformierten Bundes a, 10.07.2009, Berlin

5 Das calvinistische Manifest, veröffentlicht am 16.03.2005 | Debatte – 100 Jahre Max Webers „Protestantische Ethik“: Was bleibt? Francis Fukuyama

6 Müller, Friedrich von, 24. April 1819 (Vergl. auch Was man weiß, sieht man erst! – aus: Schriften zur Kunst, Propyläen, Einleitung, zitiert nach: Gedenkausgabe der Werke, Briefe und Gespräche, Zürich und Stuttgart 1948 ff, Bd. 13, S. 142)

7 Illert, Friedrich, Geschichte der französischen Colonie und Stadt Neu-Isenburg bei Frankfurt am Main, Neu-Isenburg 1899 (S. 11–27)

8 ebd.

9 ebd.

10 ebd.

11 ebd.

12 ebd.

13 ebd.

14 ebd.

15 ebd.

16 ebd.

[17] ebd.

[18] ebd.

[19] Petasch, Gudrun (im Auftrag der Stadt N-I), Das erste Konsistorienbuch der französisch reformierten Gemeinde Neu-Isenburg, Neu-Isenburg 1998 (S. 597)

[20] Illert, Friedrich, Geschichte der französischen Colonie und Stadt Neu-Isenburg bei Frankfurt am Main, a.a.O.

[21] ebd.

[22] ebd.

[23] Petasch, Gudrun, Religion und Modernisierung S. 114, Kap. III: Offenbacher Kapitulation-Neu-Isenburger Privileg

[24] ebd., S. 128, Kap. III: Offenbacher Kapitulation-Neu-Isenburger Privileg

[25] Welschland: Welscher, latinischer Sprachraum, südlich der Alpen von Norditalien bis Südfrankreich.

[26] Aus: „Neu-Isenburger Erklärung“ vom 18.06.2020

Wir danken

Förderer:
Stadt Neu-Isenburg sowie Landkreis Offenbach mit der Abteilung „Förderung des Ehrenamtes, Sport und Kultur“ und Land Hessen

Gespräche:
Kunz, Christian (Leiter der Neu-Isenburger Museen)
Molitor, Corinna (Leiterin, Dreieich Museum)
Ott, Dr. Wilhelm (1.Vorsitzender, Freunde Sprendlingens e.V.)
Loesch, Matthias (Pfarrer der ev. reformierten Gemeinde am Marktplatz i.R.)

Titelbild:
Schlieter Rosemarie, geb. Haubold

Abbildungen:
Schönleber, Dr. Martin
Stahl, Werner Alfons

Lieber Leser, liebe Leserin,
wir haben die in vorliegendem Heft getroffenen Aussagen anhand einer großen Menge an Quellen recherchiert, manchmal mussten wir auch 1 + 1 zusammenzählen. Uns ist bewusst, dass in den vorliegenden Quellen, Angaben immer im Kontext ihrer Zeit, des jeweils herrschenden Zeitgeistes oder dem jeweiligen Stand der Forschung getroffen wurden. Interpretationen sind immer im Kontext der aktuellen Zeit, dem Jahre 2024, zu sehen.

10. Quellen

Floch, Hans
Ein Rundgang durch Neu-Isenburg.
Neu-Isenburg 1939

Fogel, Dr. Heidi
Neu-Isenburger Geschichtsbuch –
Von der Hugenottensiedlung zur modernen Stadt.
Neu-Isenburg 2016

Fukuyama, Francis
Das calvinistische Manifest, veröffentlicht am 16.03.2005 | Debatte – 100 Jahre Max Webers „Protestantische Ethik“: Was bleibt?

Geo Epoche:
Deutschland um 1700. Redaktion: www. geo-epoche.de, 2019

Greßmann, Robert Hrsg.
250 Jahre Neu-Isenburg.
Neu-Isenburg 1949

Illert, Friedrich
Geschichte der französischen Colonie und Stadt Neu-Isenburg bei Frankfurt am Main.
Neu-Isenburg 1899

Kunz, Christian & Stuckard, Bettina
Graf Johann Philipp zu Ysenburg-Büdingen und seine Zeit.
Neu-Isenburg 2019

Majewski, Günter
Von der Selbstverwaltung zu erzwungenen Assimilation.
Bruchsal 2009

von Müller, Friedrich
24. April 1819 (Vergl. auch Was man weiß, sieht man erst! - aus: Schriften zur Kunst, Propyläen, Einleitung, zitiert nach: Gedenkausgabe der Werke, Briefe und Gespräche.
Zürich und Stuttgart 1948 ff, Bd. 13)

Niggemann, Ulrich
Immigrationspolitik zwischen Konflikt und Konsens.
Die Hugenottensiedlungen in Deutschland und England.
Wien 2008

Petasch, Gudrun
Das erste Konsistorienbuch der französisch reformierten Gemeinde Neu-Isenburg.
Neu-Isenburg 1998

Petasch, Gudrun
Gerichtsbuch der Gemeinde Neu-Isenburg –
Protokolle der Jahre 1727 – 1733.
Neu-Isenburg 2005

Petasch, Gudrun
Religion und Modernisierung –
Untersuchung der Hugenottensiedlung Neu-Isenburg.
Hildesheim-Zürich-New York 2013

Stahl, Werner Alfons
Sche danke wuuu –
Die Entwicklung der Umgangssprache in Neu-Isenburg.
Neu-Isenburg 2022

Steinmeier, Frank-Walter
Festvortrag des Bundesaußenministers mit dem Titel „Calvinismus und Europa“, gehalten zu der Veranstaltung 500 Jahre Calvin – Festakt der Evangelischen Kirche in Deutschland und des Reformierten Bundes am 10.07.2009, Berlin

Thietz, Anne
Identität und Sprachidentität von Hugenottennachfahren.
Bielefeld 2018

Vorländer, Hans
Demokratie. Geschichte, Form, Theorien. 4. Aufl., C.H. Beck.
München 2020

Vorländer, Hans - Bundeszentrale für politische Bildung
Grundzüge der athenischen Demokratie.
https://www.bpb.de/shop/zeitschriften/izpb/demokratie-332/248544/grundzuege-der-athenischen-demokratie/ 2017

Weyell, Phillip
Französische Kolonie Neu-Isenburg bei Frankfurt am Main.
Neu-Isenburg 1861

Digital:
Wikipedia und Chat-gpt Vers. 4

Werner A. Stahl

Die Reisen mit dem grünen Klappstuhl
Yseboursch-Roman

Geschichten aus der Geschichte, die den Leser auf eine Reise in eine ferne Zeit einladen und ihn an dem Leben und Denken anderer Menschen teilhaben lassen. Welche Rolle dabei der geheimnisvolle grüne Klappstuhl spielt, nun, das sollte der Leser selbst herausfinden ... :-)

143 Seiten | ISBN 978-3-943624-56-4 | € 14,80

Werner A. Stahl

Sche danke wuu
Die Entwicklung der Umgangssprache in Neu-Isenburg

Dieser wichtige Beitrag zur Bereicherung unserer Erinnerungskultur ermöglicht, manchmal mit Augenzwinkern, einen interessanten Blick auf die Geschichte des „welschen Dorfs". Der Autor ergänzt mit diesem Werk die Isenburger Geschichtserzählung in einem immer wieder aktuellen und Veränderungen unterworfenen Themenbereich um eine wertvolle Facette und hilft so, das Bild der Neu-Isenburger Bürgerinnen und Bürger in der Historie ein Stück weiter zu beleben.

53 Seiten | ISBN 978-3-943624-81-6 | € 8,00